HAMBURG HISTORY LIVE
Editorial

EINE STADT.
EINE GESCHICHTE.
EIN MAGAZIN.

LIEBE LESER,

mit der vorliegenden Ausgabe erscheint unser Magazin nun bereits zum zehnten Mal. Wir haben in den letzten Jahren viel mit Ihnen erlebt, sind gemeinsam durch Hamburgs Kunst- und Architekturgeschichte gestreift, haben zusammen unsere Historischen Museen durch die Saisons begleitet und die Künstler unserer Hansestadt gewürdigt. Um auch unser Jubiläum zu würdigen, haben wir uns als Dankeschön für Sie eine kunstvolle und zugleich geschichtsträchtige Überraschung ausgedacht, die Sie zusammen mit dem neuen Heft erhalten: die Graphic Novel zu einem Thema, das 2018 in aller Munde war.

In diesem Jahr blicken wir in Deutschland auf ein Ereignis zurück, das für die Entstehung unserer demokratischen Gesellschaft mit all ihren Errungenschaften so wichtig war: Die Novemberrevolution des Jahres 1918. Ihre Impulse und Veränderungen markieren auch für die Stadt Hamburg den Aufbruch in die Demokratie. Dem wollten auch wir uns nicht verschließen und zeigen im Museum für Hamburgische Geschichte noch bis zum 25. Februar 2019 die beeindruckende Ausstellung *Revolution! Revolution? Hamburg 1918/19*.

Begleitend zu dieser Ausstellung und in Kooperation mit der Landeszentrale für politische Bildung und der Senatskanzlei Hamburg ist die beiliegende Graphic Novel entstanden. Hierin setzen sich die Zeichnerin Isabel Kreitz und der Autor Robert Brack in ganz eigener Weise mit diesem einschneidenden Ereignis auseinander. Unter dem Titel *Rote Fahne, schwarzer Markt* erzählen die beiden Künstler von einem wichtigen Kapitel unserer Stadtgeschichte aus dem Blickwinkel eines Hamburger Kriegsheimkehrers. Sie ergänzen damit die Ergebnisse der Ausstellung um eine einzigartige Perspektive – mit einem ebenso einzigartigen Format.

Ich wünsche Ihnen eine anregende Lektüre,

Ihr Börries von Notz

FOTO: UDO MOLZER

INHALT

03 EDITORIAL
Unser Hamburg History Live Magazin erscheint zum zehnten Mal

06 FUNDSTÜCK
Krippenfigur gestern und heute

08 SCHÖNES UND NÜTZLICHES
Très chic: Alles fürs gemütliche Zuhause

12 TITELGESCHICHTE
Das Heiligengeistfeld und seine Geschichte zwischen Weideland, Kriegsarena und Domplatz

38 STADTTEILE
Hammerbrook wurde im Krieg zerstört und ist heute Gewerbeviertel par excellence

48 SERIE: DIE GESCHICHTE DER GEBÄUDE
Die Holsten-Brauerei ist seit 1879 Altonaer Urgestein

62 STADTBILD
Hamburg in der Fotografie: Der neue Koppmann Preis und seine Vorbilder

74 KÜNSTLER UND IHRE WERKE
Friedrich Kallmorgen. Reisender Maler zwischen Impressionismus und Realismus

90 EINBLICKE INS MUSEUM
Erlebte Geschichte und gedachte Zukunft unserer Stadt im Altonaer Museum

106 TERMINKALENDER
Ausstellungen und Veranstaltungen bis Frühjahr 2019

112 SERVICE
Register und Impressum

114 STADTGESICHTER. EINE KOLUMNE
Max Brauer

12

48

38

90

74

62

FOTOS: HAMBURGER DOM, HOLSTEN BRAUEREI ARCHIV, STADTTEILARCHIV HAMM, SHMH, MASSIMO TEALDI, JUNIUS VERLAG

FUNDSTÜCK
Gestern

GESCHNITZTE KRIPPENFIGUR 1900

Diese Krippenfigur zeigt die Heilige Familie mit Maria und Josef über das Jesuskind gebeugt und stammt aus der Zeit um 1900. Erfunden hat die Weihnachtskrippe vermutlich der heilige Franz von Assisi im 13. Jahrhundert, um Weihnachtsgeschehen ohne aufwendige Predigt mit lebenden Menschen und Tieren nachstellen zu können. Als einfache Darstellung gehen sie bis ins Frühchristentum zurück und zeigten zu Beginn nur das Christuskind in der Futterkrippe mit Ochs und Esel. Erst im Mittelalter ergänzte man die Krippenfiguren durch Maria, Josef folgte noch später.

Handarbeits-Unikat aus geschwärztem Holz, H: 32 cm, 190 Euro bei
Die Eiche Auktionshaus (Artikelnummer 5158/8); www.die-eiche-auktionshaus.de

FUNDSTÜCK
Heute

PORZELLAN-KRIPPENFIGUREN 2018

Freude an Weihnachten hat Konjunktur. Das ist auch ersichtlich an modernen Varianten der Krippenfigur – sie reichen von Kunststoffkitsch über misslungenen Minimalismus bis hin zu anachronistischen Adaptionen. Es gibt aber auch durchaus mutige Neuinterpretationen, die vollkommen ohne Anbiederung auskommen, die vielmehr den Fokus auf ein autarkes Design legen ohne dem dargestellten Weihnachtsgeschehen seiner Berechtigung zu berauben. Außerdem macht die variable Prozellankrippe von Alessi auch den Kindern mehr Freude.

Presepe Group Weihnachtskrippe Alessi von Designer Massimo Giacon, lackiertes Porzellan, 120 Euro über www.einrichten-design.de

SCHÖNES UND NÜTZLICHES
Très chic

▶ PINK FÜRS PAPIER
Seitz-Kreuznach-Tinte der Serie Colors of Nature ist farbecht und wasserlöslich – perfekt zum fröhlichen Schreibenlernen mit dem Füllfederhalter.
Versch. Farben, hier Flamingo Pink, 30 ml
für 5 Euro über seitz-kreuznach.de

◀ IN ORDNUNG
Schallplatten und Magazine zum Wanddekor machen. Der Zina Zeitschriftenhalter von Umbra packt das ziemlich stilvoll.
Metall mit Titanbeschichtung, B 37,5/H 33/T12 cm, 45 Euro über nunido.de

▲ STILVOLLE ERLEUCHTUNG
Die Cloche Tischleuchte von HAY in zeitloser Messingfarbe macht sich im minimalistischen Interieur genauso gut wie zum naturinspirierten Urban Look. Eine Lampe fürs Leben, sozusagen.
Gusseiserner Fuß, Aluminiumschirm
230 Euro bei Lys Vintage

TRES CHIC

Ab ins Museum – und danach im schicken Zuhause gemütlich den Tag ausklingen lassen. Oder das Auto putzen

◀ ON THE ROAD
Endlich eine ansehnliche Lackpflege fürs Lieblingsgefährt – im praktischen Set mit Premium Carnauba-Wachs, Sprühglanz, Glanztuch, Holzspatel und Wachspuck.
80 Euro über herrenfahrt.com

◀ SALT'N'PEPPER
Angelehnt an die traditionellen Hammershøi Salz- und Pfeffermühlen, entwickelte der skandinavische Designer Hans-Christian Bauer die moderne Tableware-Serie.
Materialmix aus Keramik und Holz, 50 Euro über connox.de

▼ MESSERS SCHNEIDE
Die Klingenform des Herder Kochmessers ist angelehnt an die „couteau de chef"-Klinge, jedoch etwas kürzer gehalten und dadurch leichter. Der hohe Härtegrad von 60 Rockwell hält die Klinge sehr lange scharf.
Blaugepließteter Kohlenstoffstahl, Apfelbaumholz. Klingenlänge 17,5 cm, 145 Euro bei Manufactum

◀ NUSSKNACKERSOLDAT
Design aus Kopenhagen mit Stil und Köpfchen: Nuss in den Bauch des Gardesoldaten legen, dann einfach den Kopf solange nach unten drehen, bis der Druck die Nuss geknackt hat.
Lackiertes Buchenholz, 79 Euro über connox.de

▲ OBST ZUM KNABBERN
Dörrwerk ist eine Obst-Manufaktur die auf der Basis von Apfel verschiedenste Obstsorten zu hauchdünnem und knackigem Fruchtpapier dörrt. 100 % Frucht.
Versch. Sorten zu je 40 g, 3 Euro über doerrwerk.de

DANDYCHIC AUS JAPAN ▶
Klassisch schick und unzerstörbar: 21 Unzen starke Weste aus fester Baumwolle passt zum Sonntagsspaziergang genauso wie zum Gang ins Weihnachtstheater.
279 Euro über vaterundsohn-hamburg.com

◀ FRÖHLICHE TISCHMANIEREN
Kinderbecher aus bruchfestem, giftfreiem Melamin mit Bulldoggen-Motiv der schwedischen Künstlerin Ingela P. Arrhenius. Passend dazu gibt es Schale und Teller für ein vollständiges Tischset.
5,60 Euro über schatzinsel-berlin.com

KLASSIKER AUS HAMBURG ▶
Gab's früher nur in Norddeutschland – inzwischen wollen alle immer und überall Kemm'sche Kuchen aufs Butterbrot. Oder pur. Aus den verschiedenen Retro-Dosen macht es noch mehr Spaß.
Versch. Designs, inkl. zwei Pack Kemm'sche Kuchen, 5 Euro über kemm-hamburg.de

▲ KLISCHEES FÜR DIE WAND
Die Stadtteilposter nehmen jedes Hamburger Viertel liebevoll aufs Korn – und man findet sich zwischen den Illustrationen, Zahlen und Fakten tatsächlich geografisch zurecht.
Versch. Größen und Stadtteile, in den Maßen 60 x 90 cm kostet das Poster 30 Euro über juniqe.de

SCHÖNES UND NÜTZLICHES
Très chic

Wichtiger Chronist der Hamburger Ereignisse zwischen 1960 bis 1980 war der Fotograf Günter Zint

Wo die wilden Kerle wohnten

Hamburg in den 1960ern: Rebellion und Rock 'n' Roll bestimmen die Jugendkultur. Im Star Club auf St. Pauli spielen die Beatles und Jimi Hendrix, der Schriftsteller Hubert Fichte verbindet Beat und Prosa. Immer mittendrin – der Fotograf Günter Zint. Hamburg in den 1970ern: Proteste, Demos und Kommunen gehören auch in Hamburg zum festen Inventar der Zeit. Ob auf der Straße oder in der Redaktion der St. Pauli Nachrichten. Hamburg in den 1980ern: Punk, Anti-AKW-Bewegung und die Besetzung der Hafenstraße bringen Aufregung in die Hansestadt. Der opulente und thematisch abwechslungsreich kuratierte Fotoband „Wilde Zeiten", der als Ko-Produktion der beiden Verlagen Junius und Dölling und Galitz erschienen ist, versammelt eine umfangreiche Auswahl von Zints Bildern, die Hamburgs jüngere Stadtgeschichte zwischen subkulturellen Zeitläuften und dem Treiben auf dem Kiez erzählt. Letzterer erscheint auf den Fotos vom Alltag auf der Reeperbahn und seinen skurrilen Originalen wie ein anarchisches Panoptikum vergangener Tage, das leider längst im Schatten tanzender Türme und schicker Clubs verschwunden ist.

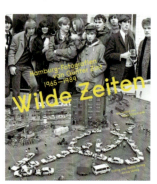

Tania Kibermanis: Wilde Zeiten – Hamburg-Fotografien von Günter Zint 1965–1989, Dölling und Galitz Verlag/Junius Verlag, Hardcover mit 300 SW-Abbildungen, 256 Seiten, 50 Euro

LESENSWERTES
NACH DEM MUSEUMSBESUCH

HAMBURGS MENSCHEN

„Als Chronist des Alltags" gilt Walter Lüden. Mit seinem Gespür für vollkommene Bildkompositionen zwischen Stadtansicht und Straßenfotografie und einer unbelehrbaren Souveränität gegenüber der Banalität des scheinbar Ordinären. Seine Leica-Dokus unserer Hafenmetropole halten die Großstadtmomente in einer Authentizität fest, wie sie nur den großen Fotografen vorbehalten ist.

Zimmermann (Hrsg.): Hamburg. Fotografien 1947–1965, Junius Verlag, 240 Seiten, 40 Euro

HAMBURGS REPORTAGEN

Gigantisch, informativ – und ein Must-Have für Foto- und Reportagefans. Zum 20. Geburtstag des Mare Verlags kam die bibliophile Jubiläumsausgabe mit geprägtem Leineneinband im Schmuckschuber. Der Prachtband zeigt chronologisch auf 320 Seiten die besten Reportagefotos: von der ersten Ausgabe mit dem Bild einer Transatlantikliner-Ankunft in New York bis zum Island-Panorama-Heft.

Nikolaus Gelpke (Hrsg.): mare – Fotografien aus 20 Jahren, Mare Verlag, 320 Seiten, 90 Euro

HAMBURGS STRASSEN

Die Bilder in diesem Buch folgen dem Rhythmus dieser spontanen Streifzüge: ein Matrose in der Wandelhalle des Hauptbahnhofs, der Gang über geräumte Trümmergrundstücke in St. Georg, ein stolzer Portier vor dem Hotel Vier Jahreszeiten und die übernächtigten Gäste bei „Eier-Carl" auf dem Altonaer Fischmarkt.

Thomas Henning: Straßenfotos. Hamburg um 1975, Junius Verlag, 112 Seiten, 25 Euro

GESCHICHTE IM ABO!

3 Ausgaben
HAMBURG HISTORY LIVE
bequem nach Hause –
für nur € 21,-

JA, ich möchte 3 Ausgaben HAMBURG HISTORY LIVE im Jahresabo bequem nach Hause geliefert haben – für nur € 21,-*

Name/Vorname: _____

Straße/Hausnummer: _____

PLZ/Wohnort: _____

Telefon: _____

E-Mail: _____

◯ Ja, ich zahle bequem per Bankeinzug

BIC: _____

IBAN: _____

SEPA-Lastschriftmandat: Ich ermächtige das VKM Verlagskontor für Medieninhalte GmbH, wiederkehrende Zahlungen von meinem Konto mittels Lastschrift einzuziehen. Zugleich weise ich mein Kreditinstitut an, die von der VKM Verlagskontor für Medieninhalte GmbH auf mein Konto gezogenen Lastschriften einzulösen. **Hinweis:** Ich kann innerhalb von acht Wochen, beginnend mit dem Belastungsdatum, die Erstattung des belasteten Betrags verlangen. Es gelten dabei die mit meinem Kreditinstitut vereinbarten Bedingungen.

Widerrufsrecht: Sie können die Bestellung innerhalb von 14 Tagen ohne Angabe von Gründen formlos widerrufen. Die Frist beginnt an dem Tag, an dem Sie die erste bestellte Ausgabe erhalten. Es genügt das rechtzeitige Absenden Ihres eindeutig erklärten Entschlusses, die Bestellung zu widerrufen.,

◯ Ja, ich bin damit einverstanden, dass die VKM Verlagskontor für Medieninhalte GmbH mich künftig per Mail oder Telefon über interessante Medien-/Events oder Produkte des Verlages informiert. Der Nutzung meiner Daten kann ich jederzeit widersprechen.

✗ Datum/Unterschrift: _____

* Versand der Ware nach Zahlung des Abopreises. Das Abo verlängert sich jeweils um ein Jahr, wenn es nicht bis vier Wochen vor Ablauf schriftlich gekündigt wird.

Per Post an:
VKM Verlagskontor für Medieninhalte GmbH
Szene Hamburg – Leserservice:
Gaußstraße 190c, 22765 Hamburg

Per E-Mail an:
abo@vkfmi.de

Oder anrufen unter:
Leserservice-Telefon: 040 36 88 110-88

DAS HEILIGEN GEIST FELD

Zwischen Kriegsdenkmal und Festplatz ist das Heiligengeistfeld nicht nur Heimatboden des Hamburger Doms, sondern auch ehemaliges Weideland, vorübergehender Übungsplatz des Deutschen Heeres, Sportevent-Arena in der Vorkriegszeit und wurde – wie alles – in den 30er Jahren von den Nazis okkupiert. Eines ist es aber schon immer gewesen: unbebaut. Mit voller Absicht

TEXT: MATTHIAS GRETZSCHEL

Langzeitbelichtete Nachtaufnahme eines Highspeed-Karussells auf dem Hamburger Dom

TITELGESCHICHTE
Heiligengeistfeld

DAS 50 HEKTAR GROSSE AREAL IST KEIN KLOSTERGELÄNDE, SONDERN EIN RIESIGER VERANSTALTUNGSPLATZ

Weit mehr als zehn Millionen Menschen besuchen den Hamburger Dom auf dem Heiligengeistfeld pro Jahr. Das jedoch sind nicht etwa fromme Kirchgänger, sondern Vergnügungssüchtige, denn hinter dem Dom unserer Hansestadt verbirgt sich längst keine Bischofskirche mehr, sondern ein Jahrmarkt – übrigens der größte in ganz Norddeutschland. Auch das Heiligengeistfeld selbst hält nicht das, was der fromme Name verspricht, denn das 50 Hektar große Areal ist beileibe kein Klostergelände und auch kein Ort der stillen Einkehr, sondern ein riesiger Veranstaltungsplatz.

Wer den Dom schon einmal besucht hat, der weiß: Es ist stets ziemlich laut hier und ein bisschen zugig. Die schrille Musik der benachbarten Fahrgeschäfte überlagert sich, Bässe wummern, Sirenen heulen, Menschen lachen, schreien vergnügt, drängen sich zwischen Geisterbahn und Wilder Maus, der Wasserbahn Atlantis Rafting und zahlreichen anderen Attraktionen, für die man zumindest einigermaßen schwindelfrei und der Magen abgehärtet sein sollte. Zum Glück gibt es auch harmlose Vergnügungen wie nostalgische Kinderkarussells, Autoscooter oder traditionelle Jahrmarkt-Angebote wie Hau den Lukas, die hier schon vor mehr als 100 Jahren ihr Publikum fanden. Ebenso wie die Schießbuden, Kettenkarussells, Spiegelkabinette oder jene Buden, an denen man zuckerschaumverzierte Lebkuchenherzen kaufen kann.

Für einen Blick über die Stadt besteigen klassische Gemüter eine der 42 Gondeln des Riesenrades, die mit sanftem Schwung ungefähr 60 Meter nach oben fährt und dort ein fantastisches Panorama eröffnet. Darunter wogt zu früher Abendstunde ein wahres Lichtermeer, ein blitzendes und blinkendes Puzzle, das sich aus den konkurrierenden und einander übertrumpfenden Lichtquellen der etwa 260 Schausteller und mehr als 100 Gastronomiebetriebe zusammensetzt – eine Lichtkomposition, die im Frühling, Sommer und Winter das größte Volksfest des Nordens vollständig illuminiert. Aber natürlich sieht man hier, in luftiger Höhe, noch viel mehr: den Hafen mit seinen Containergebirgen und Schiffen. Die Reeperbahn in jenem Vergnügungsviertel, das zwar den Namen des heiligen Paulus trägt, aber trotzdem nicht besonders fromm ist. Den über jeden Zweifel erhabenen Michel mit seinem markant klassizistischen Turm, die gläsern gen Himmel schwingende Elbphilharmonie, das ehrwürdige Rathaus, die Türme der Hauptkirchen und hinter dem Hauptbahnhof dann schließlich die Doppelturmfront des echten Hamburger Doms. Niemand Geringerem geweiht als der Mutter Gottes. Doch dazu später.

Wenn nach der Vier-Wochen-Saison die Fahrgeschäfte und Buden wieder abgebaut sind, kehrt auf dem Heiligengeistfeld erst einmal Ruhe ein. Dann wird das eben noch so laute Areal zu einem stillen Niemandsland inmitten der Millionenstadt. Nicht weit von hier ragt massig ein Bunker in den Himmel, man sieht die Rindermarkthalle und natürlich das Millerntor-Stadion des FC St. Pauli. Aber sonst herrschen vor allem Leere und Stille, untermalt vom diffusen Rauschen des Großstadtverkehrs. Eine Brache mitten im Zentrum der Stadt. Grundstücke in 1-A-Lage, mit denen Investoren liebend gern die ganz große Kohle machen würden, und die doch seit Menschengedenken unbebaut sind – und das wohl auch bleiben werden. Warum das so ist? Um das zu ergründen, müssen wir weit zurückblicken und tief in die Geschichte eintauchen.

Im 15. Jahrhundert engagieren sich die Brüder und Schwestern des Hospitals zum Heiligen Geist für Bedürftige und Kranke. Sie waren keine Mönche oder Nonnen, lebten aber in einem ordensähnlichen Verband. Wo damals jenes Hospital steht, findet sich heute das Gebäude der ehemaligen Oberfinanzdirektion. 1907 bis 1912 von dem Architekten Alber Erbe errichtet, soll darin ab Anfang 2019 das Luxushotel Fraser Suites Hamburg seinen prunkvollen Betrieb aufnehmen. Mit anderen Worten: Man muss schon genau hinsehen, um Relikte des ursprünglichen Gebäudes ▶

Ansicht von Hamburg vom Heiligengeistfeld, Druckgrafik von Peter Suhr, 1830

Blücher bei der Parade des Hamburger Militärs am 15. September 1816, Gemälde von Johann Christian Freundt

„Dompartie auf dem Heiligengeistfelde", Aquarell von Eduard Niese, 1895

„Juwelenpalast" von Hugo Haase auf dem Hamburger Dom, 1902

TITELGESCHICHTE
Heiligengeistfeld

URKUNDLICH ERWÄHNT WIRD DAS WEITLÄUFIGE TERRAIN UNTER DEM NAMEN HEILIGENGEISTFELD ERSTMALS 1497

zu entdecken. Immerhin gibt es die Heiligengeistbrücke, deren Name noch auf das Hospital hinweist. Auf dieser Brücke, die der Ingenieur Franz Andreas Meyer 1883 bis 1885 als Hauptverkehrsverbindung zur Neustadt baute, geht es heute eher still zu. Sie führt zwar noch immer vom Rödingsmarkt über das Alsterfleet zur Fleetinsel, doch statt der Pferdebahn rollen heute meist nur noch Taxis oder die Limousinen der Inselbesucher über die reich verzierte Brücke. Nur wenige werden das von einem Kreis umgebene Kreuz im Schlussstein der Brücke überhaupt entdecken, und kaum jemand wird darin das Wappen des Hospitals zum Heiligen Geist erkennen.

Für die Menschen, die im 13. Jahrhundert nach Hamburg kommen, ist dieses Wappen dagegen noch ein wichtiger Hinweis, denn das aus Gründen der Infektionsgefahr am Rand der Stadt gelegene Hospital beherbergt nicht nur Kranke, sondern auch Reisende. Sie sind damals jedoch noch keine zahlungskräftigen Hotelgäste, sondern arme Ortsfremde oder Pilger – und wurden dennoch in einem Gasthaus untergebracht, das dann wohl schon im 14. Jahrhundert zu einem eigenen Gebäude wird. Vor allem kümmern sich die Brüder und Schwestern aber um Arme und Kranke. Zur Finanzierung trägt ein Ablassbrief bei, den die „Elenden-Brüderschaft unserer Lieben Frauen zum Heiligen Geist" 1434 schließlich verliehen bekommt. Nun kann sich hier jeder mit finanziellen Zuwendungen von der Pein des Fegefeuers befreien. Menschen, die meinen, dies nötig zu haben, gibt es damals offenbar in großer Zahl, denn die Spenden fließen seither reichlich. Allerdings hatte das Hospital schon vorher einen beeindruckenden Grundbesitz, unter anderem in Eilbek, Dulsberg, Horn und Ochsenwerder.

Bereits 1355 konnte das Hospital ganz Barmbek erwerben, einige Jahrzehnte davor jenes Gebiet draußen vor dem Millerntor, das bis heute Heiligengeistfeld heißt und damals bis zur Straße Kohlhöfen in der Neustadt reicht.

Urkundlich erwähnt wird das weitläufige Terrain unter dem Namen Heiligengeistfeld erstmals im Jahr 1497. Zu diesem Zeitpunkt vor allem als Weidefläche genutzt, wendet sich das Blatt erst Anfang des 17. Jahrhunderts, als die Hansestadt den renommierten (und teuren) niederländischen Ingenieur Johan van Valckenburgh beauftragt, eine Stadtbefestigung zu errichten. Das viele Geld ist, wie sich bald zeigen soll, äußerst gut angelegt, denn das Ergebnis schützt Hamburg vor den Heimsuchungen des Dreißigjährigen Krieges. Für den Bau jener Wallanlagen braucht Valckenburgh allerdings einen großen Teil des östlichen Heiligengeistfeldes, wodurch er es im Wesentlichen auf seine heutige Größe stutzt. Statt friedlich weidender Kuh- und Schafherden sieht man hier nun fortan Soldaten exerzieren, ein Teil des Areals dient zudem mehreren Glacis. Der französische Begriff aus dem Festungsbau bezeichnet den ansteigenden Teil der Wallanlage unmittelbar vor dem Graben, gebildet durch aufgeschüttete Erde, die möglichen Angreifern damals kaum Deckung ermöglicht. Die Straßennamen Alsterglacis, Glacischaussee oder Holstenglacis erinnern bis heute an diese Vorrichtung, die van Valckenburgh an vielen Stellen erbauen ließ. Für den Flächenverlust entschädigt die Stadt das Hospital zum Heiligen Geist damals mit Ländereien in Hamm und Horn – heute existiert es noch als Altenheim in Poppenbüttel. Viel los ist hier seit dem Umbau meistens nicht, das städtische Leben spielt sich andernorts ab. Zum Beispiel an der Domkirche, die ▶

Die Mühle auf dem Heiligengeistfeld an der Feldstraße, rechts daneben der Eingang der, am 25. Mai 1912 eröffneten, gleichnamigen U-Bahn Station. Im Hintergrund die alte Rinderschlachthalle

auf dem Geestrücken zwischen Elbe und Alster südlich der später errichteten Petrikirche steht. Rings um jenen Mariendom, der im 9. Jahrhundert aus Holz erbaut und im 13. Jahrhundert als dreischiffige Basilika erneuert wurde, bieten die Händler und Handwerker seither ihre Waren feil. Aber auch Quacksalber und Gaukler finden hier, rings um die heiligen Hallen, ihr Publikum und bei schlechtem Wetter sogar innerhalb des Doms. In Kirchen geht es im Mittelalter ohnehin nicht sakral und still zu, sondern eher laut und turbulent, doch irgendwann wird es dem zuständigen Bremer Erzbischof Burchard Grelle dennoch zu bunt. Womöglich fühlt er sich an die in allen vier Evangelien überlieferte Szene erinnert, in der Jesus die Händler aus dem Jerusalemer Tempel vertreibt, sodass auch er schließlich den Schaustellern im Jahr 1334 Hausverbot erteilt. Diese Radikallösung allerdings kommt in Hamburgs Bevölkerung gar nicht gut an: Um die Lage zu beruhigen, lenkt der Erzbischof drei Jahre später wieder ein, hebt das Hausverbot auf und genehmigt den Jahrmarktsbetrieb sogar innerhalb der Domkirche – wenn auch nur bei „Hamburger Schietwetter".

Das Domkapitel lässt sich die profane Nutzung seiner Kirche über die Jahrhunderte hinweg gut bezahlen, auch noch lange nach der Reformation. Besonders trubelig geht es in der dann im 16. Jahrhundert erbauten Halle zu, die sich dem Kirchenraum nach Norden rechtwinklig anschließt. Sie bekommt den Namen Schappendom. In den hier aufgestellten Schränken, die Niederdeutsch Schappen heißen, verwahren und präsentieren die Händler in der Weihnachtszeit ihre Waren. Eine bequeme Situation für ▶

Kaiserbesuch im preußischen Altona. Feldgottesdienst mit Kaiser Wilhelm II. auf dem Heiligengeistfeld am 27. August 1911

Erster Teil des Hallenbaus des Zentralviehmarktes 1888 (heutige Rindermarkthalle)

Blick vom Michel auf das Heiligengeistfeld in den 1930er Jahren. Rechts das Museum für Hamburgische Geschichte

TITELGESCHICHTE
Heiligengeistfeld

alle Beteiligten, so könnte es ewig weitergehen. Doch als Napoleon auf den Plan tritt, 1803 mit dem Reichsdeputationshauptschluss dem Heiligen Römischen Reich Deutscher Nation den Garaus macht und dabei auch den Dom säkularisierte, ändern sich die Dinge: Das Domkapitel gibt es bald nicht mehr, das Gebäude wird an die Stadt fallen – und für diese ist das Wort Denkmalschutz damals völlig unbekannt. Endlich! Meinten wohl die Ratsherren, die die aus ihrer Sicht völlig überflüssige Domkirche 1804 daraufhin kurzerhand abreißen lassen. Der Grund liegt auf der Hand: Das Domkapitel war zwar im Lauf der Reformation evangelisch geworden, behielt aber einen Teil seiner Privilegien und so war das Domgebäude dem unmittelbaren Zugriff des Rates bis dato entzogen. Knapp 300 Jahre hatten sich die Hamburger Ratsherren nun darüber geärgert, jetzt machen sie kurzen Prozess. Zuerst verkaufen sie alles, was nicht niet- und nagelfest ist: Heiligenfiguren aus Holz und Marmor, Altartafeln, Epitaphe und Glasgemäldefenster. Binnen weniger Monate wird wertvollstes Hamburger Kulturgut in alle Winde zerstreut. Die Abrissarbeiten beginnen am 11. Mai 1805, dauern über ein Jahr und locken in dieser Zeit zahlreiche Schaulustige an. Maler wie Jes Bundsen machen die langsam aus dem Stadtbild verschwindende Ruine zu einem lohnenden Motiv: Statt nach Italien zu reisen und sich dort den bei den Romantikern so beliebten Ruinen der Antike zuzuwenden, finden er und seine Malerkollegen nun mitten in Hamburg ein nicht weniger morbides Sujet.

Manchmal findet man gegenwärtig noch Überreste dieses Motivs, etwa in der ehemaligen mecklenburgischen Residenz Ludwigslust – im Schlosspark der kleinen katholischen Kirche sind einige Bildfenster aus Hamburgs Dom erhalten geblieben. In Hamburg selbst braucht man jedoch schon sehr viel Fantasie, um sich die mittelalterliche Backsteinkirche vorzustellen: Auf dem historisch bedeutsamen Domplatz, mit dem unsere Stadt seit Langem so recht nichts anzufangen weiß, befindet sich heute eine Grünanlage – was als Fortschritt gelten kann, gab es dort zuvor doch nur einen tristen Parkplatz. Seit der Neugestaltung des Platzes im Jahr 2009 markieren außerdem 39 weiße Acrylkissen als des Nachts erleuchtete Sitzelemente die Standort-Pfeiler des einstigen Mariendoms. Anzugträger aus den umliegenden Büros, Studenten und Touristen, in der einen Hand das Smartphone, in der anderen den Coffee-to-go, sitzen an warmen Sommertagen auf den Plastikpolstern und damit quasi in einer Kirche. Beinahe blasphemisch. Die heutige katholische Domkirche gleichen Namens wird übrigens in den Jahren von 1890 bis 1893 als Pfarrkirche außerhalb des Stadtzentrums in St. Georg erbaut und erst 1995 zum Bischofssitz des neu gegründeten Erzbistums Hamburg geweiht.

Aber kehren wir nach dieser kurzen Exkursion wieder auf das Heiligengeistfeld des frühen 19. Jahrhunderts zurück. Auch damals ist es hier weitgehend leer: Die Bestre-

Sonntagspicknick auf dem Heiligengeistfeld

bungen, das Areal zu bebauen, verlaufen seit Jahrzehnten ohne Erfolg und so weiden noch bis in die 1880er-Jahre hinein Schafherden auf dem Feld. Ein idyllisches Bild in der sich ansonsten rasant modernisierenden Metropole. Nach wie vor üben Soldaten des Bürgermilitärs hier das Exerzieren, Kinder lassen Drachen steigen und an den Wochenenden gehen die braven Bürger spazieren und beschweren sich, wenn ihnen dabei die Schafe in die Quere kommen. Ab und an gibt es etwas, das man Neudeutsch als Event bezeichnen würde. So auch am 18. Oktober 1817, als sich Tausende zur Erinnerungsfeier an die Leipziger Völkerschlacht treffen. Die Franzosenzeit ist in Hamburg noch in unguter Erinnerung, deshalb denkt man gern an die Entscheidungsschlacht der Befreiungskriege zurück, die Napoleon im Oktober 1813 schmachvoll verloren hatte. Und da blühte es der Stadt langsam: Die Freifläche eignet sich sehr gut für große Zusammenkünfte, woraufhin der Bildungsverein für Arbeiter in Hamburg am 11. November 1859 eine dreitägige Feier zu Ehren von Friedrich Schiller organisiert, der Symbolfigur der angestrebten deutschen Einheit. 10.000 patriotisch gestimmte Menschen ziehen durch Hamburg und treffen ▶

TITELGESCHICHTE
Heiligengeistfeld

sich schließlich auf dem Heiligengeistfeld, um den Nationaldichter zu preisen. Und so gehen die abwechselnd pathetischen und vergnüglichen Feierlichkeiten weiter, bis man 1864 anfängt, Nägel mit Köpfen zu machen: Im nordwestlichen Bereich baut die Stadt den Hamburg Altonaer Central Viehmarkt mit einer eigenen Eisenbahntrasse, die die Viehhallen mit dem Bahnhof Sternschanze verbindet. Am 1. Januar 1876 eröffnet Hamburg eine Kunsteisbahn auf dem der Glasischaussee zugewandten Areal und 1888 kommt an der heutigen Budapester Straße noch eine Rinderhalle dazu. Die meisten Bauwerke auf dem Heiligengeistfeld sind jedoch bewusst nicht auf Dauer hin angelegt.

Eine Besonderheit des 19. Jahrhunderts sind die sogenannten Panoramen, die sich damals enormer Beliebtheit erfreuen. Dabei handelt es sich um perspektivische Darstellungen von Landschaften oder geschichtlichen Ereignissen, die als Rundbilder dargestellt sind. Das Publikum betrachtet diese Bilder von der Mitte aus und hat dadurch eine 360-Grad-Sicht. Wie in allen europäischen und amerikanischen Metropolen gibt es Ende des 19. Jahrhunderts auch in Hamburg derartige Panoramen, in denen sich das heimische Publikum in fremde Welten oder Zeiten versetzen lässt. Die Faszination für dieses Medium ist enorm, dennoch haben nur wenige Panoramen aus dieser Zeit überdauert und keines davon in Hamburg (dafür erleben diese Schaubilder heute seit einiger Zeit eine bemerkenswerte Renaissance: Die Projekte des aus Persien stammenden Berliner Malers Yadegar Asisi in Leipzig, Dresden, Wittenberg und Berlin begeistern die Menschen wieder).

Doch zurück ins Jahr 1882, als Tausende zum Heiligengeistfeld strömen, um am Millerntor ein blutrünstiges Schlachtenpanorama zu bestaunen – das ist nämlich der Anstoß für einen sechs Jahre später an der Glacischaussee errichteten hölzernen Rundbau, in dem ein Hochseepanorama zu bestaunen ist. Da nun immer öfter und immer mehr Menschen auf das Heiligengeistfeld kommen, muss dessen Infrastruktur verbessert werden. So wird das ziemlich unebene und mit vielen Schlaglöchern übersäte Gelände von 1894 bis 1899 befestigt und planiert. Für Schafherden ist nun kein Platz mehr, dafür werden immer häufiger Ausstellungen veranstaltet. Die große Gewerbe- und Industrieausstellung dehnt sich beinahe über das ganze Heiligengeistfeld aus, im Mai 1895 zeigt die Stadt unter dem Motto Italien in Hamburg in eigens dafür errichteten Holzgebäuden eine weitere Schau und präsentiert ab 1907 mit der Internationalen Fach- und Culturhistorischen Ausstellung für das Fleischergewerbe auch landwirtschaftliche Themen. Und die Ideen gehen noch weiter: In Anbetracht seiner Ausdehnung eignet sich das Heiligengeistfeld auch für Großveranstaltungen, an denen manchmal gleichzeitig mehrere Zehntausend Menschen teilnehmen können. Eines dieser deutschlandweit viel beachteten Großereignisse ist das 9. Deutsche Turnfest, das am 23. Juli 1898 eröffnet wird.

DIE MEISTEN BAUWERKE AUF DEM HEILIGENGEISTFELD SIND JEDOCH BEWUSST NICHT AUF DAUER HIN ANGELEGT

10.000 Sportler aus dem ganzen Reich kommen nach Hamburg. Den Auftakt macht ein Festumzug durch die Stadt, der ein wenig an einen Kölner Karnevalsumzug erinnert, obwohl die Teilnehmer das keineswegs beabsichtigen. Die Turnerschaft, die sich schon in den Befreiungskriegen hervorgetan hatte, gilt als patriotisch, national und seit der Reichsgründung auch als sehr kaisertreu. So ziehen sie durch Hamburg und führen Festwagen mit sich, auf denen allegorische Darstellungen zu sehen sind – die Germania zum Beispiel und natürlich darf auch die Hammonia als Verkörperung der gastgebenden Hansestadt nicht fehlen. Fünf Tage lang zeigen die weiß gekleideten Turner an Reck und Barren auf dem Heiligengeistfeld ihre Leibesübungen und begeistern das Publikum.

Es gibt aber auch Proteste, die sich an der allzu kaisertreu und patriotisch ausgerichteten Grundstimmung entzünden. So bezeichnet das sozialdemokratische Hamburger Echo das Fest als „Riesenklimbim der Bourgeoisie", und Arbeitersportler verteilen 11.000 Flugblätter, in denen sie gegen das Spektakel protestieren – die meisten von ihnen sind da längst aus den bürgerlichen Turnvereinen ausgetreten und haben ihre eigenen Arbeitersportvereine gegründet, die sicher nicht an dem großen Fest teilnehmen würden.

Bei anderen Sportereignissen geht es weniger kontrovers zu, etwa bei dem 1884 von zwei Hamburger Vereinen ausgerichteten ersten internationalen Wettbewerb für Eisschnelllauf und Eiskunstlauf. Diese Sportveranstaltung ist tagelang Stadtgespräch und trotz recht hoher Eintrittspreise kommen Zehntausende Besucher, um den ▸

TITELGESCHICHTE
Heiligengeistfeld

ERST ENDE DES 19. JAHRHUNDERTS WURDE DER DOM ZUM REINEN VERGNÜGUNGSMARKT

Wettkampf der Wintersportler zu verfolgen. Da das Interesse so groß ist, folgen bald ähnliche Wettkämpfe. Das im Januar 1885 veranstaltete Eisschnelllauf-Rennen gilt sogar als erster Wettkampf in Deutschland, dessen Ergebnisse übertragen werden und im Februar 1887 lädt Hamburg zur ersten deutschen Meisterschaft im Eisschnelllauf ein, die – wie es der Lauf der Geschichte so will – selbstverständlich auf dem Heiligengeistfeld ausgetragen wird.

Irgendwann stellt sich die Frage, was eigentlich aus all den Händlern, Kramern, Schaustellern und Quacksalbern geworden ist, die mit dem Abbruch des Doms 1806 gewissermaßen heimatlos wurden. Nun, seither versuchen sie ihr Glück an unterschiedlichen Plätzen der Stadt, am Pferdemarkt und am Gänsemarkt zum Beispiel, vor allem aber am Zeughausmarkt und am Großneumarkt. Jahrzehntelang funktioniert das ganz gut, als sich Hamburg aber Ende des 19. Jahrhunderts zur modernen Großstadt entwickelt und der innerstädtische Verkehr ständig zunimmt, stehen die Buden der neuen Zeit dann oft im wörtlichen Sinne im Weg. Deshalb weichen auch die Schausteller seit den 1880er Jahren nach und nach dorthin aus, wo es genug Platz gibt: aufs Heiligengeistfeld. Das Exil ist dankbar: Im Jahr 1893 wird ihnen der Platz offiziell zugewiesen. Und weil man sich noch immer an die Zeiten erinnert, als ihr Jahrmarkt um und in der Domkirche veranstaltet wurde, bleibt der Name erhalten. Dabei ist es bis heute geblieben, längst hat die Bezeichnung ein Eigenleben gewonnen, denn in Hamburg verbindet man mit dem Dom zuerst eben keine Bischofskirche mehr, sondern das Volksfest mit Riesenrad und Schmalzgebäck.

Allerdings gibt es den Dom-Markt damals zunächst nur einmal im Jahr, nämlich von der Adventszeit bis nach Neujahr. Doch nicht nur das ändert sich mit der Zeit, auch das Angebot entwickelt sich: War er zu Beginn überwiegend eine Verkaufsveranstaltung, wird der Dom Ende des 19. Jahrhunderts immer stärker zu einem Vergnügungsmarkt. Die Firma Hugo Haase, die 1896 erstmals auf dem Heiligengeistfeld ihr Fahrgeschäft aufbaut, gehört zu den Schaustellern, die das Bild fortan immer stärker bestimmen.

In einer zeitgenössischen Quelle heißt es: Zur Domzeit versammeln „sich alljährlich Hunderte von Schaustellern mit ihren Buden, Wagen und Familien, Pferden und Requisiten, um eines Theils in der Winterruhe Kräfte zu finden für die Strapazen der kommenden Saison, um durch Neuankäufe die Lücken unter den Requisiten und Schaugegenständen zu ergänzen, um an den Beratungen der verschiedenen Schausteller-Genossenschaften teilzunehmen, für welche Hamburg der obligatorische Vor- und Versammlungsort ist. Um das Nützliche mit dem Angenehmen zu verbinden, bezieht man einen Platz auf dem Dom, um nicht mit den Schaugegenständen müßig zu liegen und wenigstens die Kosten für den Winteraufenthalt zu erwerben."

Aber auf dem Platz handelt und feiert man nicht nur, spätestens am Ende des Ersten Weltkriegs wird das weite Areal auch zum Schauplatz der Geschichte: Nachdem die Novemberrevolution in Kiel aufgeflammt ist, erreicht sie kurz darauf Hamburg. Und das Heiligengeistfeld bietet sich schon aufgrund seiner Größe als wichtige Arena an. Die genaue Zahl kennt keiner, aber es sind auf jeden Fall mehrere Zehntausend Demonstranten, die sich am 6. November 1918 auf dem Heiligengeistfeld versammeln, um das Ende des Kriegs und eine neue, gerechtere Gesellschaftsordnung zu fordern. Angeführt von der USPD folgen die Menschen dem Aufruf der Arbeiter- und Soldatenräte und versammeln sich auf dem großen Platz, den in diesen Tagen gewiss niemand mit den Vergnügungen des Hamburger Doms in Verbindung bringt. Viele der Demonstranten tragen damals eine rote Fahne bei sich, die als Symbol der Revolution gilt. Die jedoch ist bald beendet, die roten Fahnen sind schnell wieder eingerollt und es stellt sich die Frage: Ist das überhaupt eine richtige Revolution gewesen? Mancher hat daran Zweifel, auch wenn jetzt die Sozialdemokraten das Sagen haben und es mit der Einführung des allgemeinen Wahlrechts, das nun erstmals auch für Frauen gilt, unbestreitbare Errungenschaften gibt. Und: Der Krieg ist vorbei. Dafür geht es bald mit der Wirtschaft bergab. Die Weltwirtschaftskrise trifft die Hafenstadt, die auf internationalen Handel angewiesen ist, besonders hart. Im Elend wird die Stadt erfinderisch und lässt 1930 erstmals zusätzlich zum Weihnachtsdom einen Frühlingsdom zu – dadurch erhalten wenigstens die kleinen Schausteller eine weitere Erwerbsmöglichkeit. Darüber berichtet das Hamburger Fremdenblatt in seiner Ausgabe vom 21. März 1931, in dem steht, dass die Behörden 1931 einen Frühlingsdom zuließen, „weil die Not namentlich bei den kleineren Schaustellern sehr ▶

Der Hamburger Dom ist seit seiner Premiere im 19. Jahrhundert ein Event des Spektakels, der Ablenkung vom Alltag und der Sensation. Damals wie heute

TITELGESCHICHTE
Heiligengeistfeld

groß ist, denn auch in diesem Gewerbe wirkt sich die schlechte Wirtschaftslage katastrophal aus."

Die wirkliche Katastrophe kündigt sich jedoch am 30. Januar 1933 mit dem Machtantritt der Nationalsozialisten an. Nun wird das Heiligengeistfeld zum Aufmarschplatz. Am 24. Juni 1933 ziehen Schülerinnen der Elise-Averdieck-Schule „in gleichem Schritt und Tritt und in heller Begeisterung" auf den Platz, wo sie eine Sonnenwendfeier zelebrieren, „mit der alten ruhmreichen schwarz-weiß-roten und der vielgeliebten Hakenkreuzfahne", wie es in einem Bericht heißt. Die Okkupation durch das politische Dogma lässt aber, wohlwissend um deren Notwendigkeit, noch Raum für Ablenkung und so gibt es zwei Jahre später auf dem Heiligengeistfeld eine technische Sensation: Aus Anlass der 37. Mitgliederversammlung des Verbandes Deutscher Elektrotechniker tuckern am 17. Juni 1935 zwölf jeweils 4,6 Tonnen schwere Fahrzeuge auf den Platz, auf dem sich daraufhin schnell eine Menschenmenge sammelt. Die Fuhrwerke sind Fernsehübertragungswagen des Reichsrundfunks. Das Medium ist noch völlig neu, erst vier Jahre zuvor, am 21. August 1931, hatte Manfred von Ardenne, übrigens ein gebürtiger Hamburger, auf der Berliner Funkausstellung die erste elektronische Fernsehübertragung vorgeführt. Doch mit diesen Wagen können jetzt Tausende mit eigenen Augen sehen, was es mit den flimmernden Bildern auf sich hat: Zwei 20 Meter hohe Antennen übertragen einige Spielfilmszenen von den Spezialfahrzeugen aus. Das Publikum verfolgt das Programm jeweils zwischen 20.30 und 22 Uhr in zwölf Empfangsstellen, die unter anderem in der Musikhalle (Laeiszhalle) und im Postamt Schlüterstraße provisorisch eingerichtet werden. „Staunend steht der Laie vor den geheimnisvollen Apparaten, Maschinen und Geräten, Wunderwerken deutscher Technik", heißt es im Hamburger Fremdenblatt. Die Presse feiert den Empfang der Fernsehbilder auf dem Hapag-Dampfer „Caribia" als Sensation, der zu dieser Zeit im Hafen liegt. Technisch ist das keine Besonderheit, Furore macht es damals trotzdem.

Das Fernsehen steckt noch in den Kinderschuhen, es ist zwar eine faszinierende neue Technik, aber noch weit davon entfernt, ein Massenmedium zu werden. Als das gilt damals der Rundfunk, den die Nazis geschickt als Propagandamittel einsetzen und der immer wieder vom Heiligengeistfeld berichtet. Etwa von der Maifeier, zu der am 1. Mai 1939 mehr als 150.000 Menschen mehr oder weniger freiwillig kommen. Als kurz darauf der Zweite Weltkrieg anfängt, werden die Massenaufmärsche seltener. Die Menschen haben andere Sorgen, denn schon im Mai 1940 gibt es in Hamburg die ersten Bombenangriffe der Alliierten – Hitler gibt daraufhin persönlich den Befehl zum Bau von gigantischen Flaktürmen. Mehr als 1.000 Zwangsarbeiter müssen unter schlimmsten Bedingungen schuften, um an der Feldstraße in nur 300 Tagen einen gigantischen Bunker buchstäblich aus dem Boden zu stampfen. Er hat eine Grundfläche von 75 mal 75 Metern und ist 38 Meter hoch. Die Wände sind 3,5 Meter, die Decke ist sogar fünf Meter dick. Einerseits besitzt dieses in typischer NS-Einschüchterungsarchitektur errichtete Bauwerk eine Bewaffnung von vier Luftabwehr-Zwillingsgeschützen, die ihren Platz fordern, zum anderen soll es zusätzlich 18.000 Menschen Schutz bieten. Doch das reicht nicht. Während der Operation Gomorrha, durch die Hamburg im Juli 1942 in Schutt und Asche sinkt, drängen sich bis zu 25.000 Menschen in dem Bunker an der Feldstraße. Also erbauen die Nazis am südwestlichen Rand des Heiligengeistfeldes zusätzlich einen etwas kleinerer Flak-Leitturm, von dem aus Luftwaffen-Offiziere den Einsatz der Geschütze koordinieren. Nützen tut es nicht, so klotzig und protzig die Bunker auch in den Himmel ragen, gegen die Bombergeschwader der Alliierten können die Luftabwehrgeschütze fast nichts ausrichten. Aber immerhin haben hier viele Menschen in den furchtbaren Bombennächten Zuflucht gefunden, den Feuersturm überlebt und sich in der drangvollen Enge des Bunkers womöglich gefragt, ob es wirklich eine so gute Idee war, den Nazis so lange und so begeistert zuzujubeln.

Wie es auch gewesen sein mag: Solcherlei Fragen verdrängen die Menschen in der Nachkriegszeit gern wieder, als die Engländer in Hamburg das Sagen haben. Mit den Hinterlassenschaften der NS-Zeit geht man jetzt pragmatisch um. Eigentlich soll das Beton-Monstrum an der Feldstraße in die Luft gesprengt werden, doch die dafür nötige Sprengkraft hätte wahrscheinlich auch große ▶

ALLEM FESTLICHEN VERGNÜGEN ZUM TROTZ, STEHT DIE EIGENTLICHE KATASTROPHE ERST NOCH BEVOR

TITELGESCHICHTE
Heiligengeistfeld

Teile der Innenstadt beschädigt. Also lässt man den Bunker stehen und nutzt ihn, so gut es eben geht. Zunächst bleibt auch der kleinere Flak-Leitturm stehen, der fünf Jahre nach Kriegsende dafür sorgt, dass auf dem Heiligengeistfeld wieder einmal deutsche Fernsehgeschichte geschrieben wird: 1950 rücken Techniker an und bauen hier ihre Apparaturen auf, mit denen der damalige Nordwestdeutsche Rundfunk sein erstes Fernseh-Testbild ausstrahlt. Aber das ist nur der Countdown, ernst wird es zwei Jahre später. 25. Dezember 1952, 20 Uhr: Die damals 24 Jahre alte Schauspielerin Irene Koss sitzt schwitzend hinter den dicken Mauern des Hochbunkers. In dem nur 45 Quadratmeter großen improvisierten Studio herrschen tropische 42 Grad, als die junge Frau hoch konzentriert „Guten Abend, meine Damen und Herren" sagt und durch das allererste Abendprogramm des deutschen Nachkriegsfernsehens führt. Gerade mal 800 Empfangsgeräte gibt es damals, aber es ist der Anfang einer riesigen Erfolgsgeschichte, die auch im Digitalzeitalter fortgeschrieben wird. So haben im Hochbunker nicht nur hunderte Ausgebombte nach dem Krieg eine provisorische Zuflucht gefunden, es zogen hier später auch verschiedene Firmen ein: 1971 eröffnete zum Beispiel der Hamburger Fotograf F.C. Gundlach seine Foto-Firma PPS im Bunker. 1993 übernahm der Unternehmer Thomas Matzen PPS und machte den Bunker zu einem Zentrum für kleine Medienfirmen. Und mit den Clubs Uebel & Gefährlich und Terrace Hill ist das martialische Bauwerk aus der NS-Zeit schließlich längst auch eine Event-Location geworden. Das hat Kritik ausgelöst und Fragen nach dem Umgang mit einem solchen architektonischen Zeugnis ausgelöst. So richtig in Schwung kam die Debatte aber erst, als der Investor Thomas Matzen sein Umbau-Projekt samt Begrünung auf den Weg bringt. In den Streit, der auch vor Gericht ausgefochten wird, sind der Investor, die Planer der Agentur Interpol Studios und das Bezirksamt Mitte involviert. Nun soll der obere Teil des Bunkers begrünt und als Park öffentlich ▶

FOTO: HAMBURGER DOM

SEIT DER NACHKRIEGSZEIT WIRD DAS HAMBURGER VOLKSFEST DREIMAL IM JAHR GEFEIERT

TITELGESCHICHTE
Heiligengeistfeld

gänglich gemacht werden. Im Gebäude selbst sind eine Sporthalle, Hotelzimmer, Gästezimmer für Künstler, ein Veranstaltungsraum sowie eine Weltkriegs-Gedenkstätte geplant. Dabei soll der Koloss um 20 Meter auf eine Gesamthöhe von 58 Metern aufgestockt werden. Das wiederum sehen Denkmalschützer nicht gern, andere Kritiker schimpfen über das „Gentrifizierungsprojekt", trotzdem scheint die Sache entschieden. Die Bezirksversammlung hat dem städtebaulichen Vertrag Anfang 2018 zugestimmt, der Investor kann loslegen und bald werden Bergkiefern, Lebensbäume, Wacholder, Feldahorn, Rhododendren, Kletterhortensien und auch Rosen auf dem Kriegsklotz wachsen. Wenn alles nach Plan läuft, könnte der Umbau 2020 vollendet sein. Dann wird man von ganz oben einen fantastischen Blick auf den Dom haben.

Dass das Hamburger Volksfest inzwischen nicht nur zur Weihnachts- und Neujahrszeit, sondern dreimal im Jahr gefeiert wird, ist übrigens eine jüngere Entwicklung. In der Nachkriegszeit erinnern sich die Hamburger wehmütig an die Freuden des Frühjahrsdoms, der 1930 erstmals stattfand, und lassen ihn wieder aufleben. Sie ziehen in Scharen auf den Jahrmarkt, auf dem sie für ein paar Stunden in ein buntes Lichtermeer eintauchen und die Not der zerstörten Stadt verdrängen können. Das bleibt auch so, obwohl diese Verdrängung nicht ganz gelingt, wie aus einem Bericht der Hamburger Volkszeitung vom 24. November 1951 hervorgeht. Dort heißt es: „Zwischen den einzelnen Verkaufsbuden in der Feldstraße oder auch am Millerntor stehen und sitzen Schwerkriegsbeschädigte mit Orgeln, Ziehharmonikas, eine alte Oma versucht, Zündhölzer zu verkaufen, weil ihre geringe Rente nicht zum Leben ausreicht. Die Kinder, die mit glänzenden und frohen Augen mit ihren Eltern durch die Domstraßen gehen, müssen auf manchen Wunsch verzichten, weil Papa erwerbslos ist oder so wenig verdient, dass er jeden Groschen zweimal umdrehen muss, bevor er ihn ausgibt."

Was den Sommerdom betrifft: Erst vor zwei Jahren fand die Historikerin Alina Laura Tiews heraus, dass wir die endgültige Einführung des Hamburger Jahrmarkts in den heißen Monaten quasi Walter Ulbricht zu verdanken haben. Hintergrund ist eine Studie, die Tiews in der Forschungsstelle Mediengeschichte des hiesigen Hans-Bredow-Instituts durchführte. Die Auswertungen zeigen, dass viele westdeutsche Schausteller seit der Währungsreform und der Gründung der DDR Schwierigkeiten hatten, an den Jahrmärkten im Osten Deutschlands teilzunehmen – nach dem Mauerbau von 1961 war das so gut wie gar nicht mehr möglich. Umso wichtiger wurde für diese Menschen der Sommerdom, der dann schon Ende der 1940er Jahre Premiere feiert und zunächst Hummelfest genannt wird. Im Staatsarchiv fand Tiews eine behördliche Aktennotiz vom 21. Februar 1961, in der es heißt, der Sommerdom sei eingerichtet worden, „um den Schaustellern eine Erwerbsmöglichkeit zu geben als Ausgleich für ihre verlorenen Reisegebiete in der sowjetisch besetzten Zone Deutschlands".

Durch den Spiegel der Geschichte betrachtet hat sich auf Hamburgs großem Festplatz also immer auch die politische und wirtschaftliche Situation Deutschlands widergespiegelt, ohne dass das jemals einen Einfluss auf die Besucher gehabt hätte. Sowohl sie als auch die Schausteller gehören seit jeher zum Dom-Alltag – inzwischen kommen sie aber aus allen Teilen des wiedervereinigten Deutschlands. Der Ansturm der Millionen, der sich in schöner Regelmäßigkeit dreimal im Jahr ereignet, hat allerdings auch seinen Preis. So zeigt sich Anfang des neuen Jahrtausends, dass der 150.000 Quadratmeter große Festplatz dringend saniert werden muss. Auch das hat nicht zuletzt mit den Lasten der Geschichte zu tun, denn unter dem Boden des Heiligengeistfeldes werden nach dem Krieg tonnenweise Schutt und Munitionsreste verbuddelt, darunter manche nicht explodierte Fliegerbombe. Seit 2012 setzt die Stadt deshalb den Kampfmittelräumdienst ein – und der hat gut zu tun, diese gefährlichen Dinge unschädlich zu machen und zu beseitigen. Aber damit nicht genug: Auch Stromversorgung und Entwässerung müssen in dieser Zeit erneuert werden, Flächen befestigt, Verkehrswege saniert und die Eingangsbereiche der U-Bahn-Stationen St. Pauli und Feldstraße modernisiert. „Hauptziel der Maßnahmen ist die Schaffung einer modernen, multifunktionalen Veranstaltungsfläche", sagt Finanzsenator Andreas Dressel. Dass die dafür ursprünglich veranschlagten Gesamtkosten in Höhe von 42 Millionen Euro nicht ausreichen werden, hängt nicht zuletzt mit den zusätzlichen Sicherungsmaßnahmen zusammen, die nach den Terroranschlägen von Nizza und Berlin notwendig geworden sind. Mitte 2023 soll das Heiligengeistfeld in neuer, sicherer Pracht erstrahlen. Spätestens jedoch rechtzeitig vor dem Sommer 2024, denn dann wird Deutschland Gastgeber der Fußball-Europameisterschaft sein, und Hamburg ist eine der Spielstätten. Schon jetzt scheint sicher, dass das Heiligengeistfeld dann wieder Schauplatz eines ganz großen Fanfestes sein wird. So wie damals zum Sommermärchen 2006, als hier insgesamt mehr als 1,5 Millionen Menschen fröhlich und friedlich gemeinsam fieberten und feierten.

MATTHIAS GRETZSCHEL
Verantwortl. Redakteur der Museumswelt Hamburg
Journalist und Autor zahlreicher Bücher zu kulturgeschichtlichen Themen.
Er besucht regelmäßig die Museen in Hamburg – beruflich wie privat.

TITELGESCHICHTE
Heiligengeistfeld

EIN PLATZ FÜR BÖSES UND GUTES

Der Historiker Dr. Ralf Wiechmann ist Kurator für Mittelalter und Numismatik am Museum für Hamburgische Geschichte

INTERVIEW: MATTHIAS GRETZSCHEL

Es gab niemals ein Gesetz, das die Bebauung des Heiligengeistfeldes verbot. Weshalb ist dieser große Platz in bester Lage trotzdem nie komplett bebaut worden?

Bis zur Säkularisierung der Klöster und Hospitäler war das aus eigentumsrechtlichen Gründen nicht möglich. Nachdem die Wallanlagen Anfang des 17. Jahrhunderts gebaut waren, erwies sich das freie Feld aus Gründen der besseren Verteidigung als notwendig. Dass es auch nach 1800 kaum bebaut wurde, dürfte sehr unterschiedliche Gründe gehabt haben. Einerseits wollte man gerade nach der Franzosenzeit am Althergebrachten festhalten, andererseits erschien es wohl angebracht, zum damals noch dänischen Altona eine gewisse Distanz zu halten. Und später wurde das Areal dann als Veranstaltungsplatz unverzichtbar.

Zwischen dem Abriss des Doms 1806 und der Veranstaltung der Jahrmärkte auf dem Heiligengeistfeld lag fast ein Jahrhundert. Ist es nicht erstaunlich, dass das Fest trotzdem den Namen Dom behielt?

In der Tat. An der Frömmigkeit der Hamburger hat das ganz sicher nicht gelegen, eher an einem gewissen Beharrungsvermögen. Man sollte nicht unterschätzen, wie lange sich Begriffe in der mündlichen Überlieferung halten, selbst wenn sie eigentlich längst obsolet sind.

Während der Novemberrevolution wurde das Heiligengeistfeld zum Aufmarschplatz für Zehntausende. Wurde das Gebiet von der Polizei damals als gefährlich und schwer zu kontrollieren betrachtet?

Auf jeden Fall hatte die Polizei es im Blick, auch wenn es sicher keine systematische Überwachung gegeben hat. Aber man wusste natürlich, dass ein so großer Platz zum Ausgangspunkt von potenziell gefährlichen Menschenansammlungen werden kann.

Wie ging man in der NS-Zeit mit dem Platz um?

Für die Nationalsozialisten war der Platz ideal geeignet, denn er war repräsentativ, lag in der Nähe der Innenstadt und bot für ihre genau choreografierten Masseninszenierungen den notwendigen Raum.

Jetzt wird der Platz umfangreich saniert, kann man damit rechnen, dass sich daraus künftig noch andere Nutzungen ergeben, als bisher?

Das glaube ich nicht. Die Verbesserung der Infrastruktur wird jedoch die Bedingungen für die schon jetzt üblichen Nutzungen deutlich verbessern.

Welche Rolle spielt das Heiligengeistfeld für die Identität Hamburgs?

Es ist schon etwas anderes als der Michel oder St. Pauli. Aber als Festplatz verbindet er sich durchaus mit der Identität der Hamburger, von denen viele sicher ihr eigenes Dom-Erlebnis in positiver Erinnerung behalten. Trotzdem ist das Heiligengeistfeld eher Funktionsfläche als Ort der städtischen Identität.

Jetzt im Handel!

AB 8.11. AM KIOSK!

Oder über szene-hamburg.com

DIE VERNARBTE KRIEGSWUNDE

Hammerbrook ist der Stadtteil Hamburgs, dem sich Brandkatastrophen und Bombardements in den Asphalt gebrannt haben. Von Gründerzeit-Häusern und historischen Straßenbildern ist heute beinahe nichts mehr zu sehen. Dafür florieren Industrie, Gewerbe und Verkehr

TEXT: FRANK BERNO TIMM

Die Ästhetik eines komplett neu gebauten Viertels zeigt sich eindrucksvoll in der Vogelperspektive auf Hammerbrook

Die Hansestadt kauft das gute, aber damals noch unbewohnte Stück Land im mittelalterlichen Jahr 1383 den Grafen zu Schauenburg und Holstein ab. Die tatsächliche Besiedelung – und damit die Geschichte Hammerbrooks – beginnt jedoch erst Ende des 17. Jahrhunderts.

Dann erhöht sie sich stetig: Zwischen 1867 und 1910 versechsfacht sich die Bevölkerungszahl auf 60.000. Damals umfasst die Fläche aber „neben dem inneren noch den weitaus größeren äußeren Hammerbrook, der vom Hochwasserbassin nach Osten bis zur Horner Marsch reichte". (Hrsg. Stadtteilarchiv Hamm 1997, S.7) Und damit sind wir beim Namen: Hammerbrook bezeichnet jene Marschniederung, die sich damals bis ganz nach Horn zieht. Brook steht dabei für Niederung, Englisch für kleiner Fluss (die Sprache ist ja nicht weit vom Platt entfernt).

Heute beginnt der kleine Stadtteil südlich des Hamburger Hauptbahnhofs. Seine Grenzen verlaufen an der Norder- und Münzstraße, durch den Stoltenpark bis zur Wendenstraße und von dort weiter an der Bille entlang, im großen Bogen zum Oberhafen, bis sie am Großmarkt zum Museum für Kunst und Geschichte zu ihrem Anfang ▶

STADTTEILE
Hammerbrook

Die Bomben der Operation Gomorrah haben den Stadtteil 1943 dem Erdboden gleichgemacht

zurückkehren. Innerhalb dieser Grenzen liegt eine zweieinhalb Quadratkilometer große Fläche, auf der inzwischen nur noch knapp über 4.000 Menschen leben.

DIE ANFÄNGE

Um diese Entwicklungen zu verstehen, ist – wie so oft – ein tiefer Blick in die Geschichte notwendig. Gehen wir zu den Anfängen Hammerbrooks zurück, landen wir im 17. Jahrhundert. Wenn auch schon für 1525 der erste Weg nachgewiesen ist, der Ausschläger Weg, so schreibt Karsten Leiding, dass erst im Jahr 1662 die Ortschaft der Gemeinde St. Georgs zugeteilt und die Bastion Hammerbrook am heutigen Hochwasserbassin vollendet wird.

Nach Inbetriebnahme der Bergedorfer Eisenbahn erlebt der Stadtteil einen Riesenboom – und so ist es nur eine Frage der Zeit, bis der Mann hinter dem Schienenfahrzeug sich auch der notwendigen Entwässerung des beliebten Stadtteils annimmt. Ingenieur William Lindley, Urvater der Hamburger Abwasserversorgung nach dem Großen Stadtbrand von 1842, sorgt für das Gelingen des Projekts. Hammerbrook musste also entwässert – aber auch erhöht werden. Das Problem: Der höchste Punkt liegt damals bei 1,5 Meter über dem mittleren Elbe-Wasserspiegel, also unter dem Tidenhub – ähnlich der heutigen HafenCity. Für die Erhöhung wird Trümmerschutt aus dem Stadtbrand genutzt, um die Straßenhöhe zu steigern und die Kanäle werden aufgeweitet. Zu diesem typischen Hammerbrooker Kanalsystem, das bis heute den Charme des Viertels ausmacht, kommen 1847 und 1887 die erste und zweite Hammerbrooker Schleuse. Ab 1850 müssen die Kellerfußböden bei 5,15 Meter über Hamburger Null liegen. Auch soll das Viertel künftig nicht mehr so eng bebaut werden, wie weite Teile der inneren Stadt Hamburgs. So viel hat man aus der Feuerkatastrophe gelernt.

DIE GROSSE KATASTROPHE

Und dennoch: Dass Hammerbrook noch existiert, darf man ein Wunder nennen. Im Zweiten Weltkrieg legt die Operation Gomorrha das Arbeiterwohnviertel in der Nacht vom 27. auf den 28. Juli 1943 in Schutt und Asche. Die Konsequenzen des massenhaften Bombenangriffs auf die Hansestadt sind weder mit Verstand noch mit Gefühl zu erfassen, die Erzählungen von Augenzeugen lesen sich grausam und schrecklich. Für die ▶

Es gab eine Zeit, als Hammerbrook noch genauso hübsch anzusehen war, wie seine Nachbarviertel St. Georg und die Speicherstadt

Die evangelische Annenkirche Ecke Hammerbrookstraße/Norderkaistraße wurde um 1900 vom Hamburger Architekten Fernando Lorenzen entworfen und 1943 zerstört

Nur wenige Gebäude blieben erhalten: Das markante Kontorhaus von Leder Schüler (links) von 1928 und das emposante „Kontor 218" von 1912, das in den 1920er Jahren der Hauptsitz der Deutsche Maizena-Werke AG war, die unter anderem Dextro Energy herstellten

Katastrophe gibt es einen prominenten Zeugen. Wolf Biermann, Sänger und Liedermacher aus Hamburg, hat sie miterlebt. Das entsprechende Kapitel seiner Autobiografie gehört mit zum Besten, was er je geschrieben hat. Geradezu atemlos liest man diese Seiten, die das Grauen schildern. Der sechseinhalb Jahre alte Wolf flieht mit Mutter, Tante und Oma Meume, er sieht Feuer und Tod: Da lässt eine alte Dame im Fluss einfach die haltende Hand los und versinkt in die Tiefe, da wird ein Soldat, der helfen will, vom Brocken des Hochbahnviadukts erschlagen. Feuerwände, Zerstörung, unendliches Grauen: Erst später begreift Biermann, dass ihm, der nach NS-Maßstab als Halbjude gilt, diese Nacht das Leben gerettet hat.

Die Gebäude sind nicht zu retten – angesichts dessen, was menschlich gerettet wurde, ein verkraftbarer Verlust. Und sieht jeder, der heute durch diese Straßen streift, die Verwüstung noch immer indirekt: Das reizende Münzviertel im Klostertor endet im Nichts, in nichtssagender Bürohaus- und Klotzbebauung. Die Ansicht nachhaltig kaputtgemacht durch den wahrhaft hässlichen, wuchtig daliegenden S-Bahn-Viadukt Hammerbrook. Dass die Zerstörung so verheerend war, hat Gründe. Und es sind dieselben, die damals das unstillbare Flammeninferno möglich machten: Wegen des feuchten Bodens sind die Keller hier nicht besonders tief. Enge Straßen, Gewerbe auf den Hinterhöfen, teilweise werden Kohlen auf den Dachböden gelagert, Feuer hatte immer leichtes Spiel. Es entfacht während der Operation Gomorrha den vielfach beschriebenen Feuersturm. Die Brandgase steigen auf rund 7.000 Meter Höhe, es entsteht ein gewaltiger Kamin, in dem alles nach oben gesogen wird, was sich nicht festhalten kann. Nach dieser Feuernacht leben in Hammerbrook noch 66 Menschen. Das Viertel umgibt nun eine Mauer aus Trümmerschutt, gewonnen aus Resten der beiden Haltestellen Spaldingstraße und Süderstraße. Die Schienen der U-Bahnstationen nutzt die Stadt nach Kriegsende zur Reparatur anderer Schäden im Netz der Hochbahn.

DIE RELIKTE

Trotz aller Katastrophen, die Hammerbrook durchleben muss, ist seine Geschichte noch heute gut erfassbar. Da ist zum Beispiel das um 1900 errichtete Kraftwerk am Bullerdeich – ein Kulturverein, der ein künstlerisches Stadtteilbureau betreibt und viele kleinere und größere Festivals ▶

Auf dem Gelände der Deichtorhallen hatte sich nach dem Krieg der Großmarkt wieder eingefunden

Die Gleisanlagen des Berliner Bahnhofs (1857) am Klostertor. Der Güterbahnhof mit halbrundem Lokschuppen ist damals etwa dreimal so lang wie der Bahnhof. Mit den Vorbereitungen zum Bau des heutigen Hauptbahnhofes wurde er 1903 stillgelegt

veranstaltet, die alle unter der leicht merkbaren Marke „Hallo" laufen. Der hier aktive Verein leistet zusammen mit Studierenden der HafenCity Uni (HCU) eine sehr intensive Sammel- und Gedankenarbeit zur Gegenwart und Zukunft des Viertels: Neben den Kohlebunkern, der Kessel- und Turbinenhalle gibt es ein Werkstatt- und Verwaltungsgebäude. Die Anlage ist teilweise saniert worden, hat aber in weiten Teilen durch ihren Retrocharme einen unglaublichen Reiz und ist in ihrer Größe – Maschinen- und Kohlenhallen sind weitgehend leer – für besondere Veranstaltungen geeignet. Seinem ursprünglichen Zweck dient das vierte Hamburger Kohlekraftwerk hingegen nur noch zu einem kleinen Teil: von der Öffentlichkeit unbemerkt erzeugt hier ein Energieunternehmen Strom aus Fernwärme. Heute ist es nach Auskunft der Eigentümer das älteste noch erhaltene Kraftwerk Hamburgs.

Gibt es noch mehr Spuren? Die Zentralbibliothek am Hühnerposten ist so ein Beispiel – er soll seinen Namen einem Türchen verdanken, durch das Spätheimkehrer ins Stadttor gelassen wurden. Das ehemalige Zentralpostamt ist seit 2004 die Hauptstelle der Hamburger Bücherhallen – das Gebäude thront auf der Höhe zwischen dem Hannoveraner Bahnhof und der Bergedorfer Bahn. Hier ist damals auch die Hamburger Rohrpost angeschlossen: „Mit 58 Sachen durch Hamburgs Unterwelt" betitelt das Hamburger Abendblatt eine damalige Geschichte über das Postsystem, das seit 1887 zunächst die Börse und das Telegrafenamt am Stephansplatz verbindet und später auch bis zum Hühnerposten führt. Rohre von sechseinhalb Zentimetern Durchmessern transportierten mit Druckluft kleine Kartuschen: Wo das Auto 20 Minuten für eine Strecke durch die Stadt braucht, benötigt die Rohrpost zweieinhalb.

Trotzdem stellt Hamburg das System 1976 ein, denn das Verfahren ist störanfällig und wartungsaufwendig. Ob diese Einstellungsentscheidung gut vier Jahrzehnte später noch einmal fallen würde, ist die Frage.

Es gibt auch Dinge, die ihre Spuren dadurch hinterlassen, dass sie die Bombardements nicht überstanden haben: Die schöne Kirche St. Annen existiert nicht mehr. Die Kirche wurde in der Bombennacht fast komplett zerstört, in den fünfziger Jahren dann abgerissen. Zuvor steht sie in der Hammerbrookstraße, also dort, wo sich heute vor allem Büro- und Gewerbebauten erheben. Die Weihe des Gotteshauses im neugotischen Stil wird am 26. Januar 1901 gefeiert. Vier große Buntglasfenster aus der Berliner Kunstanstalt schmücken das Bauwerk zu dieser Zeit. Jenes einzelne Fenster, das die Bombenangriffe überstanden hat – so steht es in den Zeitungen jener Zeit – sei wohl ausgebaut worden. 1975 seien Einzelteile davon, zugemauert und mit Sand geschützt, unter dem Großen Michel wiederaufgetaucht. Experten wollten Anfang des Jahrtausends einen neuen Platz für das Fenster suchen.

DER NEUANFANG

Die beinahe gemütliche City Süd ist das Gegenstück zur gigantischen City Nord – durch die eng an die Innenstadt geschmiegte Lage und die vielen Wasserstraßen hat dieses neue Büroquartier seinen ganz eigenen Reiz. Zu den beeindruckenden Bauwerken gehören der von Hadi Teherani entworfene Berliner Bogen und der Hamburger Großmarkt, auf dessen über 27 Hektar großen Fläche jedes Jahr rund 1,5 Millionen Tonnen Waren umgeschlagen werden. Seine Geschichte geht weit zurück: Das erste Marktrecht im norddeutschen Raum vergibt Erzbischof Adaldag schon 962. Der Handel blüht am Hopfenmarkt, bis die Stände 1907 auf ein Gelände zwischen Meßberg, Deichtor und Alter Wandrahmsbrücke umziehen. Schon 1911 folgt die Verlegung ans Deichtor und schließlich zieht der Markt 1947 per Senatsbeschluss nach Hammerbrook. Der Bau der Großmarkthalle beginnt 1958, die Eröffnung folgt 1962, 1979 kaufte der Großmarkt ein Gelände von der Deutschen Bundesbahn, um die Fläche 1982 um den Blumengroßmarkt zu erweitern. Endlich sichert der Senat 1994 zu, dass für 30 Jahre keine Verlagerung erfolgen wird – heute ist sicher, dass der Großmarkt sogar bis 2034 hierbleiben wird.

Aber auch die kleineren Gebäude sind interessant: Das größtenteils leerstehende Gebäude einer früheren Reederei am Brandshofer Deich 116 soll durch die Stadt angekauft und künftig kulturell und sozial genutzt werden, so zumindest entscheidet die Bezirksversammlung Mitte im Juni 2017. Apropos Zukunft: Noch immer gibt es viele Ecken in Hammerbrook (und den ▸

Der Hannoversche Bahnhof vor seiner Zerstörung im Zweiten Weltkrieg. Von hier wurden unter dem Naziregime Tausende Juden deportiert

Die S-Bahntrasse entlang der Hammerbrookstraße ist weniger stilvolles Merkmal des Stadtteils im Hamburger Osten

STADTTEILE
Hammerbrook

angrenzenden Teilen des riesigen Industriegebiets, das bis Billbrook reicht), die vor sich hindämmern oder mit großen Autohändlern besiedelt sind. Hamburgs Konzept *Stromaufwärts an Elbe und Bille* sieht für den Hamburger Osten mit seinen 4.348 Hektar und 163.776 Einwohnern neue Wohnungen vor, will eine moderne Industrie entwickeln, gleichzeitig neue Gewerbestrukturen und Grünräume schaffen. Genauer: In der City Süd sollen 2.000 Wohnungen zwischen Münzviertel und Mittelkanal entstehen. Am Hochwasserbassin sollen die Grünanlagen neu gestaltet und Teil eines Grünzugs zwischen Alster und Elbe werden. Und mit dem Oberhafenquartier will Hamburg schließlich eine Verbindung zur HafenCity schaffen und mit der neuen Brücke über die Bille eine nach Rothenburgsort. Die Hausboote auf dem Mittelkanal – hinter der Spaldingstraße, geschützt durch einen Riegel von Bürohäusern – bieten eine neue Art des Wohnens inmitten der Stadt. Ob diese Entwicklungen immer konfliktfrei ablaufen werden, ist die Frage: viel hängt ab von demokratischer Teilhabe und Transparenz.

Zu einem lebenswerten Stadtteil gehört auch die reibungslose Organisation des Verkehrs. Wer heute mit öffentlichen Verkehrsmitteln am Wochenende das erwähnte Kraftwerk am Bullerdeich erreichen will, muss trotzdem weite Umwege oder Fußmärsche in Kauf nehmen.

Aber: Das dichte Straßenbahnnetz zwischen Hammerbrook und Rothenburgsort stellt Hamburg im Jahr 1978 ein. Die U-Bahn-Zweiglinie hat auf dieser Strecke Mühe, genug Fahrgäste zu gewinnen, zeitweise war sie sogar ohne Betrieb. Die Strecke verlässt daraufhin ab Besenbinderhof den Untergrund und wird als Hochbahn weitergeführt. Heute wird Hammerbrook von der S-Bahn Richtung Harburg erschlossen und einem Netz aus Buslinien, die bis nach Altona, Billstedt und Wandsbek fahren. Es bleibt abzuwarten, ob die Verwaltung den Stadtteil eines Tages für neue Konzepte entdecken wird – wie etwa den Elektro-Shuttle in Lurup und Osdorf.

Wo früher in Kutschen die Waren von A nach B über das Kopfsteinpflaster holpern, wird 1958 der Großmarkt gebaut und 1982 zwecks Aufnahme des Blumengroßmarktes erweitert

FRANK BERNO TIMM
Lokal- und Kulturjournalist
Schwerpunkte: Soziales, Migration, Stadtteile, öffentlicher Verkehr.
Zuletzt besuchte Ausstellung:
Willi Brandt Haus Lübeck

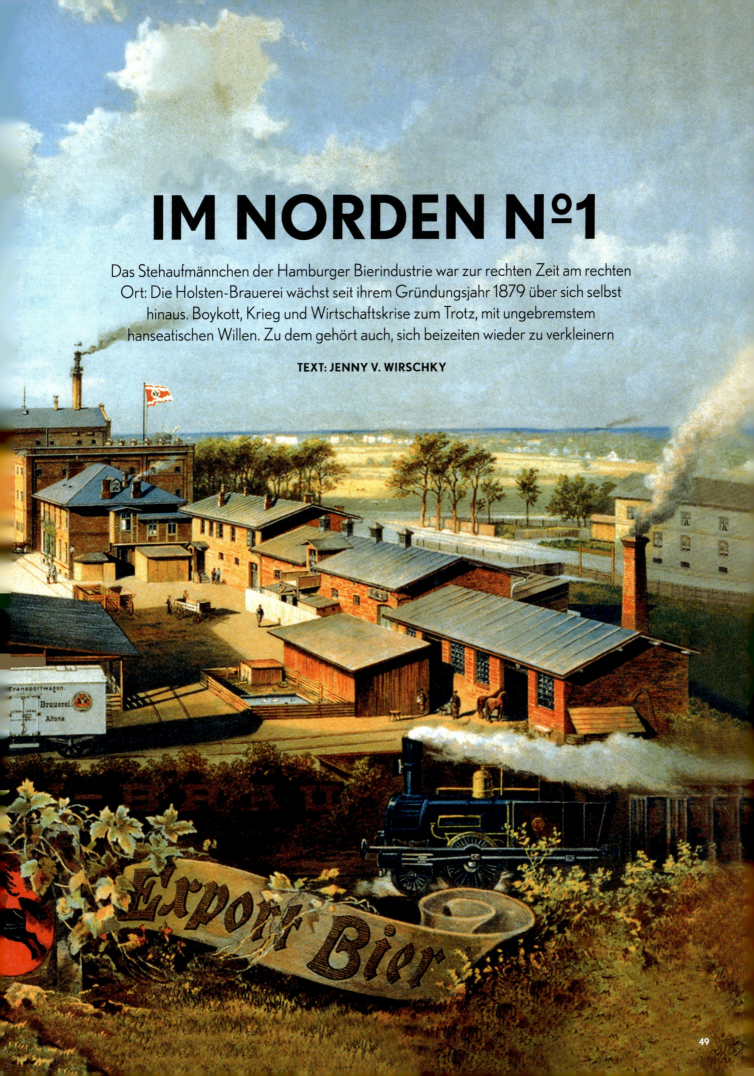

IM NORDEN №1

Das Stehaufmännchen der Hamburger Bierindustrie war zur rechten Zeit am rechten Ort: Die Holsten-Brauerei wächst seit ihrem Gründungsjahr 1879 über sich selbst hinaus. Boykott, Krieg und Wirtschaftskrise zum Trotz, mit ungebremstem hanseatischen Willen. Zu dem gehört auch, sich beizeiten wieder zu verkleinern

TEXT: JENNY V. WIRSCHKY

SERIE: DIE GESCHICHTE DER GEBÄUDE
Holsten-Brauerei

Der Altonaer Gebäudekomplex der Brauerei im 19. Jahrhundert, rechts: der Innenhof in der Holstenstraße heute

Wir schreiben das Jahr 1879. Die Gründung Deutschlands ist keine zehn Jahre her und die Zeiten sind bestimmt von Aufbruch und Umbruch. Kurz nach der neuen Verfassung, die das Kaiserreich 1871 erhält, geht es wirtschaftlich erst steil nach oben, dann 1873 mit dem Gründerkrach wieder steil bergab, bis es fünf Jahre später unter Otto von Bismarck zu einem konservativen Systemwechsel kommt – er will der landesweiten Stagnation der Kaufkraft und der Anhäufung spekulativer Firmengründungen etwas entgegensetzen. Als Reichskanzler führt er deshalb die Schutzzollpolitik ein und belegt unter anderem die Einfuhr amerikanischen Getreides mit einem Zollbann. Die deutsche Wirtschaft soll ihre eigenen Erzeugnisse produzieren und konsumieren: Weg vom Freihandel zugunsten der heimischen Großagrarier, bis der Zoll für Weizen von 1880 bis 1913 von zehn auf 70 Mark pro Tonne steigt, wie die Historikerin Nina Reusch herausstellt.

ZUR RICHTIGEN ZEIT AM RICHTIGEN ORT

Es herrscht also nicht nur mental die richtige Atmosphäre für neu konzipierte, moderne Großbetriebe, sondern hinsichtlich des Materials auch ein wirtschaftlich günstiger Zeitpunkt für große Brauereiunternehmen. Zumal Norddeutschland brautechnisch derzeit im klaren Hintertreffen war, da einzig die von Gröninger seit 1793 betriebene Brauerei die Hamburger mit regionalem Bier versorgen kann (das war im 14. Jahrhundert ganz anders. Über 500 Hamburger Hausbrauereien kümmern sich im Mittelalter um die Produktion von Bier. Allerdings noch nicht nach dem deutschen Reinheitsgebot – das kommt ja erst 1516. Im 17. Jahrhundert schläft der Biergenuss aus verschiedenen Gründen etwas ein und erwacht erst wieder mit der Industrialisierung). Kurzum: Die Holstenväter sind sehr ambitioniert – und scharen schon vor der Gründung etliche investitionsfreudige Kaufleute um sich.

Am 24. Mai 1879 findet schließlich die Gründungsversammlung der späteren Aktiengesellschaft statt. Keine drei Wochen zuvor saß der harte Kern noch gesellig beisammen und schwadronierte über eine eigene Großbrauerei in Altona, doch aus dem Palaver wurde ernst und schon „am 10. September desselben Jahres wird der Grundstein für einen umfangreichen Brauereikomplex aus typisch norddeutschem Backstein gelegt". Es ist der Grundstein für jenes Gebäude, das wir heute sehen, wenn wir vom Holstenplatz in die Haubachstraße einbiegen. Marianne Frühauf schreibt in ihrer Monografie „Fabrikarchitektur in Hamburg bis 1914", dass die Holsten-Brauerei damals durch den Wiesbadener ▶

SERIE: DIE GESCHICHTE DER GEBÄUDE
Holsten-Brauerei

Tanks für Flaschenbier in der Holsten-Brauerei 1929

Architekten und Brauerei-Ingenieur Anton Landgräber entworfen und ausgeführt wird. Der Architekturjournalist Sven Bardua schreibt 2018, dass die nach Erreichen der 100.000-Hektoliter-Marke notwendigen Erweiterungsbauten ab 1911 von der Firma Dücker & Co. ausgeführt werden, mit Ernst Mautner als verantwortlicher Architekt.

UNFREIWILLIGE UND FREIWILLIGE NEUERUNGEN
Im Zweiten Weltkrieg zerstören jedoch Bomben das Gebäude schwer und die neuen Anbauten können der Backsteinästhetik des 19. Jahrhunderts nicht gerecht werden. Inzwischen haben sich an diesem Monument auch die 1970er und 80er Jahre mit ihren Wellblechepisoden vergangen und den Boden, auf dem tagein tagaus Zehntausende Bierkisten umhergefahren werden, ziert kein nostalgisches Kopfsteinpflaster mehr, sondern uniformierter Waschbeton. Man erkennt die altehrwürdige Residenz der Holsten-Sudkessel trotzdem auch heute von Weitem: Die kupfergrüne Rittergestalt auf dem Dachgiebel richtet ihren Blick seit mehr als 125 Jahren über Hamburg – und auf den Erfolg des Unternehmens, der übrigens unmittelbar einsetzt. Keine drei Monate nach der Grundsteinsetzung ist der Bau abgeschlossen, die Braumeister setzen den ersten Sud für das Holsten Pilsner an und verkösten das fertige Untergärige am 6. Mai 1880 offiziell.

Gröninger hin oder her: 1884 führt Holsten die Kunsteiskühlung ein, kann dadurch exzellentes Lagerbier brauen, das bei niedrigen Temperaturen zur Reife gelangt. Es ist so erfolgreich, dass im Jahr 1889 schon 80.000 Hektoliter produziert werden. Im selben Jahr benennt das Königliche Commerz-Collegium das Holsten-Universum als die bedeutendste Brauerei in Altona. Und das nicht nur wegen eines immensen Umsatzes (von dessen Ursachen hier später noch die Rede sein wird), sondern auch, weil das Unternehmen baulich und technisch für diesen Industriezweig damals neue Maßstäbe setzt.

Der Blick nach vorne wird belohnt: War die Brauerei ursprünglich für 60.000 Hektoliter angelegt, wird mit der ▶

SERIE: DIE GESCHICHTE DER GEBÄUDE
Holsten-Brauerei

Mit der Anzahl der zu verfrachtenden Kisten hat sich auch die Zahl der Mitarbeiter erheblich gesteigert, nur sieht man sie heute nicht mehr zuhauf per pedes an den Kisten

Übernahme der Brauerei A. Janssen Wwe. im Jahr 1909 für die Produktion von standardmäßig 100.000 Hektoliter aufgestockt – und nachdem Hamburg 1910 die Eine-Million-Einwohner-Marke knackt, kommen 1911 eine neue Schwank- und Versandhalle, 1912 und 1913 ein Sud- und ein Maschinenhaus hinzu – beides ebenfalls durch den Architekten Anton Landgräber und Baugeschäft Dücker & Co., Düsseldorf, realisiert. In dieser Zeit wird der gesamte Betrieb mit moderneren Anlagen reorganisiert, um dem stetig steigenden Produktionsbedarf gerecht zu werden und das Wortzeichen Holsten Edel eingetragen. Und es nimmt kein Ende: Bereits 15 Jahre später errichtet Holsten ein zweites Sudhaus, vergrößert die Kessel- und Maschinenanlage, erweitert die Malzsilos und erwirbt zwei Eckgrundstücke in Altona an der heutigen Holstenstraße sowie einen Lagerplatz in der Viehhofstraße 29.

Noch immer sind die etlichen An- und Zubauten an der Verschachtelung des Gesamtkomplexes mit seinen verschiedenen Ebenen zu erkennen. Dieser enorme Ausbau ist damals aber nur deshalb so einfach möglich, weil das Gebäude am Rande der Altonaer Innenstadt liegt, also vor den Toren der Stadt. Ansonsten wäre die gigantische Anpassung am Gebäude wie die Erweiterung der Kellereien und der damit zusammenhängenden Anlagen gar nicht möglich gewesen. In den Jahren 1929 bis 1930 werden so zusätzlich rund 40.000-Hektoliter-Lagerkeller und 10.000-Hektoliter-Gärraum erschlossen. Aber: Die Erfolgsgeschichte der Holsten-Brauerei entsteht ja gewissermaßen auf der grünen Wiese und vielleicht kann die Firma auch deshalb von Anfang die Kombination Hamburg-Altona im Namen tragen – trotz der politisch gespaltenen Gemeinwesen. Man wollte wohl der Maxime des Biergenusses gerecht werden: Geselligkeit. Denn im Gefühl der Bürger gehörten Hamburg und Altona schon lange zusammen. Und das ist damals die Zielgruppe, denn „welch unterschiedliches Image die Hamburger Brauereien hatten, zeigt die Aussage eines Brauers auf einer Gewerkschaftsversammlung: Einzelne Brauereien [...], treffe der Boykott weniger, wie die Holsten, deren Bier hauptsächlich in Spießbürgerkneipen getrunken wurde", so der deutsche Historiker Ulrich Wyrwa.

ARBEITER UND LAISSEZ-FAIRE

Bier ist zur Gründerzeit noch das Getränk der Arbeiterklasse und so müssen die Brauereien bei etwaigen Auseinandersetzungen mit direkten Konsequenzen rechnen, denn die Vereinigungsmechanismen der Gewerkschaften greifen hier besonders – gibt es Schwierigkeiten, wird boykottiert. So auch um die Jahrhundertwende, als die Arbeiter in den Hamburger Brauereibetrieben gegen die Arbeitsbedingungen protestieren und sich die Auseinandersetzungen in der Brauindustrie erst anbahnen, dann verschärfen. „Konfliktpunkte waren die Arbeitsverhältnisse der verschiedenen Arbeiter", weiß Wyrwa und sie „forderten ferner die Anerkennung des gewerkschaftlichen Arbeitsnachweises und die Einführung des 1. Mai als Feiertag. Darüber hinaus sollten neue Vereinbarungen über Löhne und Arbeitszeiten getroffen werden." Sie wollen das Bier der bestreikten Hamburger Brauereien boykottieren und die Bevölkerung dafür mit auswärtigem Bier versorgen. Doch: Die Arbeiter können sich nicht auf Dauer im Kollektiv verhalten. Es gibt auch gar keine grundlegenden Verhaltensrichtlinien, die den Arbeitern das sichere Gefühl eines gemeinschaftlichen Boykotts geben würde. Und: Das heimische Bier schmeckt damals einfach besser. Also liegt die Schwierigkeit, vor der sich die Arbeiter während des Bierboykotts sehen, nicht zuletzt in zwei grundlegenden Elementen der Arbeiterkultur „Solidarität und Biergenuß", die miteinander im Konflikt stehen. Laut Wyrwa soll deshalb „jetzt allein das Hamburger Bier [...] mit Boykott belegt werden".

So ist die Genussverweigerung als Druckmittel bald passé. Die Holsten-Brauerei ist zwar als Produzent für die etwas besser gestellten Biertrinker ohnehin nie richtig von den Arbeiterstreiks betroffen, die allgemeine Stimmung im Bürgertum greift aber seit einiger Zeit dem wirtschaftlichen Ruin des Ersten Weltkrieges vor, es gibt Mäßigkeits- und Abstinenzvereine, die den Alkoholkonsum als bedrohlich diskreditieren. Die gleichen Leute nehmen Ende des 19. Jahrhunderts dann allgemeine „die Präsenz und Stärke der Arbeiterklasse" ins Visier, die es fortan zu bekämpfen gilt. Für Ulrich Wyrwa folgt daraus, dass sich „die Anti-Alkohol-Bewegung in Deutschland immer mehr in eine ▶

Entladerampe auf dem Hof der Holsten-Brauerei 1929 und 2017

SERIE: DIE GESCHICHTE DER GEBÄUDE
Holsten-Brauerei

nationalistische Sammlungsbewegung einspannen [lässt] und ... zunehmend ein kriegerisch-aggressives Weltbild" einnimmt. Bis die Sozialistengesetze von 1879 die sozialdemokratische Parteipresse, Vereine und Versammlungen verbieten. „Beim Zuwiderhandeln konnten Geld- oder Gefängnisstrafen verhängt werden", schreibt der Historiker Karl Vocelka in seiner Geschichte der Neuzeit.

So viel zum Umfeld, in dem die Holsten-Brauerei groß geworden ist. Schwere Zeiten, aber durchaus auch solche, in denen sich die Zielgruppe aus politischen Gründen zusammentut und im aufregend bis gefährlichen Kontext der Zusammenkünfte ein neues Gemeinschaftsgefühl entwickelt – und Bier trinkt. Es mag weit hergeholt erscheinen, dieses Getränk, das es in früher Form bereits bei den Ägyptern gab, als liquides Element der Freundschaft auszuzeichnen. Andererseits überlebt das Hamburger Bier mit Holsten an der Spitze auch den zweiten Boykott, vier Jahre später, den die Brauereibesitzer im August 1906 beschließen und wegen einer Steuererhöhung kurzerhand die Bierpreise heraufsetzen. Die Wirtevereine reagierten mit einem eigenen Bierembargo, das sie jedoch, genau wie die Gewerkschaften ihren Boykott, nach kurzer Zeit aufgeben, weil man sich nicht geschlossen verhält. Es ist einfach zu wichtig, bei einem ordentlichen Hamburger Bier beisammenzusitzen und auf die Freundschaft anzustoßen.

VON DEN KESSELN AN DIE FRONT

Kurz bevor der Erste Weltkrieg ausbricht, kann sich die Brauerei das Wortzeichen Holsten Edel eintragen lassen. Ein Meilenstein der Marke – und Garant für eine Konjunktur des Brauereibetriebs in Altona. Die Menschen lieben dieses Bier. Doch mit dem Jahr 1914 versiegen die so hart erarbeiteten Erfolge im Orbit der dogmatischen Wendungen: Der Export ins durstige Ausland wird verboten, die einst reich verfügbaren Rohstoffe für die Bierproduktion bleiben aus und schließlich werden die Mitarbeiter über Nacht zu Frontkämpfern. Man kann sich vorstellen, dass nur wenige der Brauer an ihren Sudkessel in der heimischen Brauerei zurückkehren. Der Vorplatz der Holsten-Brauerei vereinsamt im Eiltempo – aber verwaisen tut er nicht. „Bereits in den letzten Kriegsmonaten setzt ein radikaler Konzentrationsprozess im hamburgischen Braugewerbe ein, und nachdem der Geschützdonner an den fernen Fronten endgültig verklungen ist, ist auch manches Traditionsbrauhaus aus der heimischen Brauereilandschaft verschwunden", wie der Hamburger Kulturhistoriker und Buchautor Harald Schloz in der Holsten-Jubiläumsschrift 2004 festhält. Die Holsten-Brauerei überdauert zwar das Jammertal. Doch nur mit Mühe und Not und jeder Menge Einbußen. So sind nicht nur die Hektoliter erheblich gefallen, auch die Qualität wird nach eigenen Maßstäben nur noch schwerlich dem eines ordentlichen Bieres gerecht.

Kleiner Mann, was tun? Entweder klein beigeben, oder – wie immer – zum Angriff übergehen. Statt lautlos in den Kriegswirren unterzugehen, vergrößert sich Holsten und übernimmt drei Hamburger Brauereien. Gut gedacht, denn so wächst Holsten in diesen unsicheren Zeiten, in denen viele Konkurrenten aufgeben, zu einer wahren Lokalgröße heran. Mit diesem Durchhaltevermögen übersteht das Unternehmen auch die Inflation, die für ein Feierabendbier mehrere Millionen verlangt.

1918 ist der Krieg vorbei, ein Jahr zuvor verkauft Holsten seine Grundstücke Brandsende 7-9 und 11 an die Kühlhaus-Zentrum AG, und so langsam beginnen die Hamburger wieder zu feiern. Die Konkurrenz ist auf ein marginales Minium von drei großen und vier kleinen Brauhäusern geschrumpft – und Holsten wittert die Chance, von lokal auf regional nach Schleswig-Holstein zu expandieren. Der Trend setzt sich bis Kiel durch und 1929 knackt Holsten seine Hektoliter-Marke bei einer halben Million. Es ist geschafft: Auch den bitteren Black Friday übersteht die Brauerei. Ein Privileg, dass nicht von ungefähr kommt und vor allem längst nicht alle Brauereien im Umfeld teilen. 1937 wird der Betrieb schließlich zu einem Hamburger Unternehmen: Das Groß-Hamburg-Gesetz macht Altona zu einem Teil von sich und Holsten damit zu einem von uns.

WIEDER KRIEG UND WIEDER KRISE

Mit dem Jahr 1939 ist der Zeitpunkt erreicht, an dem endgültig jegliche profitable Illusion dem harschen Realismus weicht. Bombardements und Lieferengpässe zerstören die Produktionsstätten in der heutigen Holstenstraße so dramatisch, dass an eine reguläre Produktion bis auf Weiteres nicht zu denken ist. Das bisschen, das den Weg in die Flasche findet, ist ab 1942 hauptsächlich für die Kriegsveteranen bestimmt, sodass „fast während des ganzen Berichtsjahres [...] der Bierabsatz infolge notwendiger Kontingentierung des Verkaufs rückläufig [war], nur mit Lieferungen von Proviantbier an die Wehrmacht war die Gesellschaft stärker beschäftigt". Zwar ist auch Holsten im Krieg tatsächlich mit Lieferungen an die deutsche Armee beauftragt, doch wenn sogar die dafür notwendigen Transportmittel knapp werden, ist eine regelmäßig gesicherte Abnahme dennoch utopisch. Die Einnahmen gehen drastisch zurück und „eine weitere Einbuße ergab sich durch die ab 15. Mai 1942 erfolgte Herabsetzung des Preises für Schankbier um RM 4,00 je Hektoliter. Für Gewinnabschöpfung und nachträglich erhobene Steuern waren erhebliche Summen erforderlich."

Mehr schlecht als recht also übersteht die Brauerei den Zweiten Weltkrieg – doch trotz weitestgehend zerstörter Sudhäuser, Lager und Abfüllanlagen geben die Holsten-Braumeister nicht auf. Im ruinösen Rest „gehen die verbliebenen Mitarbeiter unverzagt ans Werk. Sie wollen – trotz ungewisser Zukunft – weiterhin Bierbrauen." Und das, ▶

SERIE: DIE GESCHICHTE DER GEBÄUDE
Holsten-Brauerei

Holsten-Braumeister in voller Montur

obwohl die Bevölkerung in diesen Trümmerzeiten mehr Hunger hat, als Durst auf Bier. Die Trümmer aufzulesen, um aus der Asche den Phönix zu errichten, gehört zum Tagesgeschäft aller Überlebenden. Auch in Hamburg. Und so „gehen die verbliebenen Mitarbeiter unverzagt ans Werk. Sie wollen – trotz ungewisser Zukunft – weiterhin Bier brauen".

DIE 1950ER BIS HEUTE
Mit dem Kampf gegen die unvermeidbaren Qualitätsverluste gelingt es Holsten als beinahe einzige Brauerei, dem Anspruch der Bier trinkenden Bevölkerung nach Kriegsende wieder gerecht zu werden – nicht umsonst: „1952 füllt Holsten als einer der Vorreiter auf diesem Gebiet Bier für Exportzwecke in Flachdeckeldosen ab" und erreicht Ende der 50er Jahre die 1-Million-Hektoliter-Grenze. Langsam zeichnet sich ab, dass das einst von der Oberschicht verschmähte, urdeutsche Bier über alle Milieugrenzen hinweg zu einem weltweiten Dauerbrenner werden soll. Für Hamburg betrifft das 1964 fast zwei Millionen Menschen – Bevölkerungshöchststand (und laut Prognosen der Bertelsmann-Stiftung von 2009 auch in zehn Jahren noch unerreicht). Die Szene der Rock- und Jazzmusik tut Anfang der 60er ihr Übriges: Die hedonistischen Jugendbewegungen florieren in Hamburg und mit ihnen auch der Biergenuss. Nicht zu vergessen der erfolgreiche Fußballsport, in dessen Namen der HSV für Hamburg 1960 den deutschen Meistertitel holt. Und was kann man sich besser denken, als einen HSV-Fan mit einer edlen Flasche Holsten in der Hand? Doch genug der Klischees, Quintessenz ist, dass die Zeichen gut stehen für eine erneute Expansion.

Und so nimmt man diese Entwicklung zwischen den Wänden der Holsten-Brauerei nicht nur erfreut, sondern vor allem sehr geschäftig wahr: „Nachdem in der Vorkriegszeit der Einflussbereich in nördlicher Richtung ausgedehnt worden war, wird nun der breite Strom überschnitten, um sich südlich der Elbe liegenden Braustätten zuzuwenden." Bremen, Bille – und sogar Niedersachsen: 1972 wird Holsten Mehrheitseigner der Kaiser-Brauerei in Hannover, 1974 folgt die Teilhabe an der Lüneburger Kronen-Brauerei und 1976 legt Holsten den Grundstein für die Übernahme der Brauerei Feldschlößchen im beschaulichen Braunschweig. Alles aus den Backsteingemäuern im nördlichen Altona heraus. Mit diesem wohlgesonnenen Kreuzzug durch die norddeutsche Brauereilandschaft hat der Holsten-Ritter in den 1970er Jahren nicht ohne Grund auf seinen Werbetafeln stehen: Im Norden Nr. 1.

Doch damit nicht genug: Der Norden ist bereits erobert, mit der Wende wartet 1989 endlich Neuland. Als das deutsch-deutsche Nachkriegsgesicht zum Babyface der einheitsdeutschen Demokratie wird, öffnen sich die Grenzen nicht nur für die Menschen, sondern auch für das Bier, das sie trinken. Schon im Dezember 1989 bringt Holsten um die dreitausend Hektoliter Dosenbier ins schöne Dresden und keine zwei Jahre später wird das ehemals ostdeutsche Lübzer Mitglied der Holsten-Bierfamilie.

Sieben Jahre später kehrt die Holsten-Brauerei mit ihrem Wachstumswillen nach Hamburg zurück und erwirbt 1998 die Bavaria- und St.-Pauli-Brauerei – Sudkessel-Residenz des Astra Biers. Es ist die Geburtsstunde der bis heute erfolgreichen Plakatkampagne *Astra – was dagegen?* und die etlicher neuer Arbeitsplätze im Gebäude der Holstenstraße, denn Bavaria-Brauereibetrieb und -Mitarbeiter werden kurzerhand integriert. Man kann es sich denken: Diesen Erfolgskurs bringt niemand mehr ins Schwanken. Es folgen etliche Übernahmen in ganz Deutschland, bis – ja, bis Holsten selbst übernommen wird. 2004, im Jahre ihres 125-jährigen Bestehens, übernimmt Carlsberg Deutschland die Brauerei – und gehört seither zu den zehn Brauunternehmen, die zusammen 60 Prozent des deutschen Biersbsatzes erwirtschaften, wie die Hamburger Redakteurin und Beerkeeperin Sünje Nicolaysen herausstellt. Der dänische und der norddeutsche Konzern sind nicht nur Nachbarn der Region, sondern auch Nachbarn im Geiste – die Zukunft im Blick ist es 2016 Zeit für Veränderungen.

ALLES HAT EIN ENDE
Zwölf Jahre nach der Übernahme gibt Carlsberg bekannt, dass Holsten die traditionsreichen Räume in Altona-Nord verlassen wird. Die Gründe sind vielfältig, und um diesen Zug zu verstehen, muss man zum Herz des Hauses vordringen – und damit auch zur öffentlichen Stimme des Unternehmens. Die Lage mitten in der Stadt, umgeben von ▶

Der Ritter blickt seit jeher vom Dach der Holsten-Brauerei über Hamburg. Er findet sich aber auch auf jeder einzelnen Flasche wieder: Im Logo auf dem Holsten-Etikett reitet er seit Jahrzehnten dem Durst entgegen

SERIE: DIE GESCHICHTE DER GEBÄUDE
Holsten-Brauerei

Wohngebieten, ist bereits heute schwierig. Das hat mehrere Gründe, die mit Blick auf die Veränderungen der modernen Welt allesamt auf der Hand liegen. Aufgrund des hohen Verkehrsaufkommens stehen die Lkws im Stau, wegen der inzwischen beträchtlichen Anwohnerzahl verbieten städtische Restriktionen die nächtliche Verladung und durch die im Bau befindliche Neue Mitte Altona werden die Infrastrukturprobleme in unmittelbarer Nachbarschaft noch zunehmen. Auch mit Blick auf die industrielle Nutzung ist der Standort Altona aus verschiedenen Gründen nicht mehr zeitgemäß. So ist die Fläche der Holsten-Brauerei für den sinkenden Bierkonsum in Deutschland zu groß. Das Unternehmensziel will zwar gegen den Trend noch Marktanteile dazugewinnen, rechnet aber trotzdem mit einem sinkenden Bierkonsum und plant daher künftig geringere Kapazitäten ein. Auch will Holsten die schlechte Bausubstanz hinter sich lassen, die Technik auf ein neues Level heben und – last but not least – unnötige Arbeitswege einsparen: Bisher müssen die Mitarbeiter durch die Bauweise des ursprünglichen Gebäudekomplexes jeden Tag auf mehreren Ebenen arbeiten und lange Arbeitswege in Kauf nehmen.

All die genannten Gründe machen, aus Sicht von Pressesprecher Christoph Boneberg, eine Erneuerung der Holsten-Brauerei nicht nur zur hinreichenden, sondern vor allem zur notwendigen Bedingung: „Wir haben keine Perspektive in Altona, denn auf dem aktuellen Gelände wäre all das weder sinnvoll noch möglich und der Verkauf des Geländes in Altona hat uns die einmalige Gelegenheit überhaupt erst geboten, die nötige Erneuerung zu finanzieren. Ohne den Verkauf wäre es lediglich eine Frage der Zeit gewesen, bis Holsten die Brauerei hätte schließen müssen."

Der Neubau soll eine Chance sein, die langjährige Tradition der Holsten-Brauerei (die in ihren Hochzeiten eine Kapazität von drei Millionen Hektolitern erreicht) fortzusetzen und gleichzeitig diejenigen Probleme zu lösen, die der bisherige Standort mit sich gebracht hat. Das Industriegebiet an der A7 in Hausbruch bietet eine verbesserte Verkehrssituation, ein effizientes Layout senkt die Herstellungskosten, die Kapazitäten entsprechen der langfristigen Absatzplanung und Arbeitsplätze, die sonst in naher Zukunft verloren gegangen wären, sind auf lange Sicht in Hamburg gesichert. Deshalb wird die Holsten-Brauerei 2019 an den Stadtrand ziehen. Das Gelände der Holsten-Brauerei wurde schon im Sommer 2016 verkauft.

DENKMALSCHUTZ

Obwohl offensichtlich geschichtsträchtig, steht keines der Gebäude unter Denkmalschutz. Die Brauerei nimmt ihre Pflicht der Hamburger Kultur-Vererbung trotzdem ernst und will einige Teile des Bauwerks als identitätsstiftende Merkmale auch im neuen Holsten-Quartier erhalten. Das zumindest sieht der Gewinnerentwurf der ECE aus dem Architekturwettbewerb vor: Erhalt des backsteinernen Juliusturms und des Sudhauses mit dem Holsten-Ritter auf dem Dach und stilistische Anpassung des neuen Areals an die angrenzende Neue Mitte Altona. Außerdem bleibt die Administration in einem neuen Gebäude am Standort Altona, um das Holsten-Erbe dort zu erhalten. Und auch die Stadt arbeite mit an der sinnvollen Nutzung des Brauereigeländes und verzichtete auf das Vorkaufsrecht für die 45.000 Quadratmeter umfassende Fläche, als es 2016 an den Projektentwickler ECE verkauft wurde. Die versicherte dem Senat im Gegenzug verbindlich, die bestehenden Entwicklungsziele für das neu erschlossene Areal umzusetzen.

JENNY V. WIRSCHKY
Chefredakteurin, Sozialwissenschaftlerin
Journalistische Schwerpunkte: Kultur- und Kunstgeschichte, Literatur und Bildungswesen
Zuletzt besuchte Ausstellung
Lee Bul: Crash, Gropius Bau Berlin

STADTBILD
Hamburg in der Fotografie

BAUSTELLE MIT STADTBILD

Hamburg hat ein Stadtbild, das schnellem – vielleicht zu schnellem – Wandel unterliegt.
Umso wichtiger ist es, die Dynamik dieser Metropole zu dokumentieren und zu reflektieren

TEXTE: ULRICH THIELE

Georg Koppmann

Mit diesem Gedanken vergibt die Stiftung Historische Museen Hamburg in Zusammenarbeit mit der BSW 2019 (Behörde für Stadtentwicklung und Wohnen) dieses Jahr erstmals den Georg Koppmann Preis für Hamburger Stadtfotografie: ein Arbeitsstipendiums in Höhe von 8.000 Euro für national und auch international tätige Fotografen. Die Auswahl der Stipendiaten erfolgt über eine Jury aus Vertretern der Stiftung Historische Museen Hamburg, der Behörde für Stadtentwicklung und Wohnen sowie Experten für Fotografie. Gemeinsames Ziel ist eine künstlerisch-dokumentarische Bilderserie zum Stadtbild Hamburgs und seinen Veränderungen.

Benannt ist das Stipendium nach einem Pionier der Stadtfotografie: Der Fotounternehmer Georg Koppmann (1842–1909) hat die Entwicklung Hamburgs vom Provinznest zur Hafenmetropole Ende des 19. Jahrhunderts erstmals systematisch dokumentiert – im Auftrag der Stadt. Seit dem Großen Brand 1842 ist die Hansestadt infolge der Industrialisierung und des Ausbaus zum Handelszentrum rasant zur Millionenstadt gewachsen. Koppmann hat diesen Wandel fotografisch festgehalten und dabei eine eigenständige ästhetische Gesamtdarstellung der städtischen Veränderungen geschaffen.

Auch im 20. Jahrhundert setzen Fotokünstler die Tradition der Stadtfotografie fort und werfen eine eigenständige Perspektive auf die Elbmetropole als urbanen Lebensraum mit einer vielfältigen Stadtgesellschaft, die permanenten architektonischen, kulturellen und sozialen Veränderungen ausgesetzt ist. Zwei eindrucksvolle Beispiele stehen paradigmatisch für die Perspektive der Fotografen: Der schwedische Fotograf Anders Petersen schafft in den 1960ern mit *Café Lehmitz* einen Klassiker der Milieufotografie, in dem er das Lebensgefühl eines inzwischen so nicht mehr existierenden Submilieus festhält. Der Bildband *Hamburg Cityscapes* ermöglicht selbst Alteingesessenen einen neuen Blick auf das Hamburg der 1980er Jahre – Milan Horacek fotografierte unsere Stadt abseits touristischer Klischees. Die Frage drängt sich auf: Wie sieht der Wandel im 21. Jahrhundert aus, und aus welchem Blickwinkel werden die Sieger des Georg Koppmann Preises ihn dokumentieren?

▶

Wohnhaus Auf dem Sande im Jahr 1872, fotografiert von Georg Koppmann

STADTBILD
Hamburg in der Fotografie

Oben: Das Thalia Theater im Jahre 1881, im Hintergrund die Jacobi-Kirche. Unten: Maschinensaal einer hydraulischen Anlage in der Central-Station am Sandtorkai 1899

"Gott ruft Dich!" – die Freie Evangelische Gemeinde am Holstenwall Anfang der 1980er, fotografiert von Milan Horacek

ROADTRIP

Milan Horacek zeigt in seinem Bildband „Hamburg Cityscapes" eine amerikanisch anmutende Hansestadt

HAMBURG CITYSCAPES
Milan Horacek,
Junius Verlag, 96 Seiten,
59,90 Euro

In der Tourismusbranche zeigt sich Hamburg am liebsten von seiner schmeichelhaften, sprich: von seiner glatten Seite. Landungsbrücken bei Sonnenuntergang, Elbphilharmonie vor blauem Himmel, Segelschiffe auf der Außenalster. Als der Fotograf Milan Horacek 1981 beauftragt wird, konventionelle Postkartenmotive für ein Reisemagazin aufzunehmen, beginnt er parallel mit einem entgegengesetzten Projekt: Zwischen 1981 und 1983 hält Horacek mit einer Großbildkamera fest, was Touristen eher abschrecken würde: Industrie- und Straßenlandschaften, Parkhäuser, Geschäftsbauten, Wohnkomplexe, Brandmauern und Brachflächen. Die Bilder sind dennoch alles andere als banal, sondern beeindrucken durch enorme Schärfe und feine Farbnuancen. Stilistisch angelehnt an die New Colour Photography der US-amerikanischen Fotografen Stephen Shore und Joel Sternfeld ermöglicht das analoge Großformat einen detailreichen Blick auf Hamburgs Stadtlandschaften. Wohlgemerkt: ▸

Werbeplakate, die heute veraltet wirken, am Fischmarkt

Leuchtende Farben in grauer Industrie: die S-Bahn-Station Hammerbrook an der Bille

Diese Art der Fotografie ist damals eine aufwendige und teure Technik, was für jede Aufnahme eine konzentrierte Vorbereitung voraussetzt. Der langwierige Prozess spiegelt sich in der Betrachtung der Bilder wider, die uns ein Innehalten abverlangen und ein präzises Hinschauen auf die Details der abseitigen Gegenden Hamburgs, an denen man im Alltag achtlos vorbeigeht.

FOTOGRAFISCHES ROADMOVIE
Der Einfluss der amerikanischen Fotografie ist jedoch nicht nur in der Farbgestaltung, sondern auch in der Komposition seiner Stadtbilder wiederzufinden: menschenleere, für Hamburg ungewöhnlich weite Stadtlandschaften – obwohl diese eigentlich im Zentrum liegen – die den Eindruck erwecken, als befände man sich in einer dezentralisierten ameri-

STADTBILD
Hamburg in der Fotografie

Auf Milan Horaceks Bild erinnert die Neuländer Straße in Harburg an eine amerikanische Großstadt

kanischen Großstadt wie Los Angeles, als wäre Hamburg eine sich weitende Stadt, die weder klein noch dicht besiedelt wäre. Jegliche Provinzialität Hamburgs schiebt Horacek aus dem Bild. Hinzukommt das Roadmovie-Motiv: VW-Busse, eine italienische Alfa-Sportlimousine, ein französischer R4 – immer wieder stehen Autos im Zentrum des Geschehens und unterstreichen die Atmosphäre eines „fotografischen Roadtrips", das den Betrachter durch ein amerikanisch anmutendes Hamburg führt. Um die melancholische, menschenleere Herbst- und Winterstimmung der Bilder einzufangen, ist Horacek oft in frühen sonntäglichen Morgenstunden unterwegs. Als Fotograf blickt er auf Hamburg nicht mit den Augen eines Einheimischen, sondern mit denen eines Fremden, eines Durchreisenden, der mitgebrachte Sichtweisen in seine Stadtbetrachtung miteinfließen lässt.

KONTRAPUNKT ZUR HOMOGENITÄT

Der Soziologe Georg Simmel beschreibt den Fremden in seinem berühmten Essay *Exkurs über den Fremden* als jemanden, der kommt und bleibt. Der Fremde ist jemand, der neue Qualitäten mitbringt und als Außenstehender einen nüchternen, weil distanzierten Blick auf das neue Umfeld hat. So ermöglicht uns auch der Reisende Horacek nicht nur einen neuen Blick auf bekannte Orte, die wir zuerst gar nicht wiedererkennen. Seine detailverliebten Fotogemälde aus den 80er Jahren lenken unseren Blick auch auf die Inkongruenzen Hamburgs, in denen sich die Ereignisse und Epochen in all ihrer unberechenbaren Diversität einschreiben: Die Wohnbebauung der Gründer- und Vorkriegszeit im 19. Jahrhundert, die Kriegsnachwirkung im Sinne von Brachflächen und Brandmauern, die Nachkriegsbebauung als ▶

Die Rote Flora – damals, Anfang der 80er Jahre, noch gelb und unpolitisch

Lückenfüller – das Hamburg dieser Zeit, so zeigt uns Horacek, ist eine Stadt zwischen den Epochen, eine provisorische Stadt im Wandel der Geschichte mit industriellem und urbanem Charme. *Hamburg Cityscapes* setzt somit einen Kontrapunkt zum homogenen Postkarten-Hamburg der Tourismus-Industrie, das stets brav und geordnet ist. Aus heutiger Perspektive ist *Hamburg Cityscapes* ein zeithistorisches Dokument, das uns den Wandel der letzten vier Jahrzehnte vor Augen führt. Manche der dargestellten Orte sind heute kaum wiederzuerkennen. Damals ist Deutschland noch zweigeteilt, die HafenCity und die Elbphilharmonie liegen in den Sternen, Hamburg ist deutlich weniger verdichtet als heute. Wir sehen die Rote Flora – damals noch von einem Haushalts-Outlet besetzt, mit gelber Fassade und großen Angebotsplaketten. Und wir sehen all die Einzelhandelsgeschäfte in der Grindelallee und überall ungenierte Zigarettenwerbung, als die Gesundheitspolitik noch nicht den öffentlichen Raum besetzte.

STADTBILD
Hamburg in der Fotografie

AM RANDE
Das festgehaltene Lebensgefühls eines vergangenen Submilieus

DAS CAFÉ ALS SOZIALBIOTOP
Dreckig und verranzt ist das Café Lehmitz im Jahr 1962. Die braunen Wände wirken eher klamm als heimelig, der Zigarettenqualm legt sich wie Nebel über den schnapsgetränkten Tresen. Die legendäre Stehbierhalle am Zeughausmarkt nahe der Reeperbahn ist eine Spelunke vor dem Herrn, ein Absturzschuppen mit siffigem Boden und vor allem ein Sozialbiotop der Ausgegrenzten: Hafenarbeiter, Zuhälter, Prostituierte, Transvestiten, Kleinkriminelle, Penner, Junkies, Diebe und Dunkelmänner tummeln sich hier auf der Suche nach Fest und Alltagsflucht. Kaputte Gestalten, die in bürgerlichen Kreisen als „Asoziale", als Gescheiterte verpönt sind. Deren Hoffnungen auf Wohlstand und Anerkennung längst verpufft sind – das schlechte Gewissen des Kapitalismus. „Im Himmel gibt's kein Bier, drum trinken wir es hier", steht auf einem Schild in trotziger Hoffnungsverweigerung angesichts der Aussichtslosigkeit.

Als der schwedische Fotograf Anders Petersen 1962 das erste Mal auf die Menschen im Café Lehmitz trifft, ist er gerade mal 18 Jahre alt. Seine Eltern schicken den Jungen zum Deutsch lernen nach Hamburg und vermutlich ist es dem Mief seines gutbürgerlichen Elternhauses zu verdanken, dass der junge Anders sich so sehr von dieser Gegenwelt angezogen fühlt. Er lernt Deutsch, allerdings nicht so, wie seine Eltern sich das vorgestellt haben. Petersen verliebt sich in eine finnische Hure namens Wanja, verbringt ein paar Monate in ihren Kreisen – und stolpert schließlich ins Café Lehmitz, das fortan zu seiner Stammkneipe in Hamburg wird. Er ist sofort angetan von der rauen Direktheit, der schroffen Aufrichtigkeit, den archaischen Hahnenkämpfen, urplötzlich entfacht von irgendwelchen Nichtigkeiten, aber auch von dem spürbaren Zusammenhalt beim gemeinsamen Bier nach dem Streit. Doch dann kehrt er zurück nach Schweden, um zu studieren.

DIE WÜRDE DER FREAKS
1968 kehrt als professioneller Fotograf nach Hamburg zurück und sucht umgehend das Café Lehmitz auf, seine „billige Scheiß-Kamera", wie er sie nennt, im Gepäck. An einem dieser Abende stibitzen ein paar der Gäste seine Kamera und beginnen, sich gegenseitig zu fotografieren. Der Damm ist gebrochen, von nun darf auch Petersen sie knipsen. Die folgenden zwei Jahre dokumentiert er in berauschend nahbaren und doch stets fremd anmutenden Bildern ein Submilieu, das die andere Seite der bürgerlich-gediegenen Hansestadt markiert, ein Milieu, das die Öffentlichkeit ▶

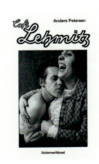

CAFÉ LEHMITZ
Anders Petersen,
Schirmer/Mosel Verlag,
116 Seiten, 29,80 Euro

ohne ihn so nie zu sehen bekommen hätte. Die Gäste tragen Namen wie Blumen-Paul, Jägermeister-Karin, Spinner-Rudi, Ochse, Wermut, Pummel, Zigeuner-Uschi – bei der Petersen auch mal eine Nacht auf der Küchencouch verbringt – Marlene, die Marlene-Dietrich-Doppelgängerin, und Zwerg, der Liliputaner.

Petersen ist mittendrin in dieser Freakshow, ein von ihnen Akzeptierter, der sie nicht voyeuristisch bloßstellen, sondern sie in ihrer Würde abbilden will. Seine körnigen Schwarz-Weiß-Bilder zeigen ungleiche Paare in enger Umarmung, saufende Einzelgänger, Männer, die Frauen unter den Rock greifen, die mit entblößten Oberkörpern gegeneinander kämpfen und sich im nächsten Moment wieder versöhnen. Junge Männer, die ihren Vollrausch ausschlafen. Frauen, die zu später Stunde ihre Brüste entblößen. Verzweifelte Gesichter, von Existenzsorgen geplagt, Falten, Schweiß,

Zahnlücken, Korn, Bier, Jägermeister, jede Menge Lust und vergessene Sorgen – und immer wieder der Zusammenhalt, der in all den überschwänglichen Umarmungen der Gäste zum Ausdruck kommt, so als wollten sie einander festhalten, so als gäbe es eine Tiefebene unter ihnen, in die sie noch fallen könnten. Das wohl bekannteste Bild zeigt den Rosenkavalier, der sich mit geschlossenen Augen eng an seine Lily schmiegt. Ein zärtliches und im besten Sinne irritierendes Bild vom Typ „Matrose schmiegt sich an großbusige Mutterfigur". Tom Waits verwendet das Bild 1985 als Cover für seine berühmte LP *Rain Dogs*.

OPFER DER GENTRIFIZIERUNG

Er habe keinen Sozialporno produzieren, sondern etwas Wesentliches, Wahrhaftiges einfangen wollen, sagt Anders Petersen später über seinen berühmt gewordenen Bildband, der sich nach seiner Veröffentlichung 300.000 Mal verkauft und heute als Klassiker der Milieufotografie gilt. Vielleicht ist es gerade der romantisierte Blick eines jungen Fotografen, der die Würde der Ausgegrenzten wahrhaftig einzufangen vermag – finden all die Spinner-Rudis und Zigeuner-Uschis ihre Würde doch auch in ihrer schön getrunkenen Gegenwelt, mit ihren eigenen Sitten und Strukturen. Petersen bewahrt in seinen Bildern so das Lebensgefühl eines Milieus, das inzwischen der Gentrifizierung zum Opfer gefallen ist. 1987 wird das Café Lehmitz abgerissen. An seine Stelle wurde eine Bankfiliale gesetzt.

ULRICH THIELE
Journalist, Kulturwissenschaftler
Journalistische Schwerpunkte:
Literatur, politisches Feuilleton
Zuletzt besuchte Ausstellung:
„Das Kapital" im Museum der Arbeit

STADTBILD

Hamburg in der Fotografie

FREMDES & VERTRAUTES

Stefan Rahner, Initiator und Jury-Mitglied des Georg Koppmann Preises, im Gespräch über den künstlerisch-dokumentarischen Blick auf Hamburg

INTERVIEW: ULRICH THIELE

Herr Rahner, wie ist die Idee zum Preis entstanden?
Von 1928 bis 2015 gab es in der früheren Landesbildstelle immer ein bis zwei Fotografen, die das Stadtbild dokumnetierten. Mit der Verlagerung des Bildarchivs ins Staatsarchiv entschied die Stadt, diese Tradition aufzugeben, was damals scharf kritisiert wurde, denn im Denkmalschutzamt hätte die Stelle trotz des Wechsels bleiben können. Mit dem Preis wollen wir dem Thema Stadtfotografie neue Impulse geben.

Warum ist das Medium der Fotografie dafür so reizvoll – abgesehen vom dokumentarischen Charakter?
Fotografen sind immer auch losgezogen, um fremde Welten zu entdecken – in den Untergrund, in die Bezirke, die unter dem Radar sind. Sie können so das Unsichtbare sichtbar machen und uns Betrachtern Welten zeigen, die wir sonst nie zu sehen bekommen. Auf der anderen Seite ist Fotografie aber auch so faszinierend, weil sie uns etwas, das wir kennen, durch eine besondere Komposition aus einem ganz anderen Blickwinkel präsentiert. Sie hat zwar einen Abbildungscharakter, aber sie ist eben nicht einfach nur Abbildung. Fotografie kann sogar einen Charakter kreieren – viele Klischees über Paris sind zum Beispiel durch Fotos entstanden.

Haben Hamburger Fotografen einen Vorteil, weil sie die Stadt kennen, oder haben Außenstehende vielleicht einen Vorteil, gerade weil sie einen distanzierteren Blick auf die Stadt haben?
Das habe ich mich auch schon gefragt. Der Vorteil von Außenstehenden ist, dass sie frei und auch mit anderen Kontexten im Kopf auf die Stadt blicken. Andersherum vermeiden Leute, die sich in Hamburg auskennen, Klischees. Der intime Blick von innen ist erfahrungsgesättigter und ermöglicht sofort einen tiefen Einblick. Beides hat Vor- und Nachteile. Die Distanz kann helfen, die intime Nähe auch.

Der rasante Wandel soll im Zentrum stehen. Wenn man heute Bilder von Hamburg aus den 90ern sieht, hat man das Gefühl, historische Aufnahmen aus weit entfernter Zeit zu sehen …
Alle Lücken, die es noch aus dem Zweiten Weltkrieg gab, sind in den letzten zehn bis 20 Jahren bebaut worden. Das ist eine enorme Verdichtung und Nutzung. Fast jeder Hinterhof, auf den man noch was bauen konnte, wurde bebaut. Auch die Stadtarchitektur der 50er Jahre, die Zeilenbauten mit den Grünflächen dazwischen, die offen gegliederte Stadt – an vielen Orten soll nachverdichtet werden, um möglichst viel Fläche für Gebäude zu haben. Der ganze Charakter von Stadtvierteln soll verändert werden. Da stellt sich schon die Frage, ob es wirklich immer zu 99 Prozent Wohnraum sein muss, oder ob es auch weiterhin Raum für Kleingewerbe geben kann, wie etwa in der Bernstorffstraße oder im Oberhafenquartier. Mit der Stadtentwicklung sind etliche solcher Fragen verbunden.

Also steckt hinter dem Preis auch eine politische Dimension?
Die wird sich in den einzelnen Serien zeigen. Immer, wenn man sich mit dem Wandel in der „Freien und Abrissstadt Hamburg" auseinandersetzt, stößt man auch auf viel diskutierte Fragen der Stadtentwicklung: Wem gehört die Stadt? Wie funktioniert die Stadt? Nehmen Sie als Beispiel Ottensen, das heute als Paradebeispiel für ein Szeneviertel gilt, aber noch in den 70er Jahren zum flächendeckenden Abriss freigegeben wurde. Die Stadtplanung hat damals querfeld angelegte Schneisen und eine neue Hochhaussiedlung geplant. Die bestehende Substanz wurde zunächst überhaupt nicht als erhaltenswert diskutiert. Erst die anschließenden Diskussionen haben zu einer neue Sichtweise geführt und dazu, dass das Altbauviertel saniert wurde.

Georg Koppmann hat im 19. Jahrhundert fotografiert, als es noch etwas Besonderes war. Heute fotografiert man unter ganz anderen Umständen. Stichwort Bilderflut.
Dadurch, dass heute jeder mit seinem Handy eine relativ hochwertige Kamera dabeihat, werden viele Bilder produziert, die niemand mehr richtig ansieht. Dadurch haben gute Fotografen umso mehr die Chance, aus der Flut von Knipsbildern herauszuragen. Um es mal optimistisch zu sehen.

PINSELSCHLÄGE ZWISCHEN DEN WELTEN

Seine Werke leben zwischen Realismus und Impressionismus, sie zeigen ein reiches Spiel aus Licht und Schatten – und das städtische Leben jener Hafenmetropole, zu der der Maler Friedrich Kallmorgen immer wieder zurückkehrt: Hamburg

TEXT: SYLVIA BIEBER

KÜNSTLER UND IHRE WERKE
Friedrich Kallmorgen

Friedrich Kallmorgen in seinem Berliner Atelier 1909

„Ich wollte Landschafter werden!" Mit großer Klarheit steht bereits für den jugendlichen Friedrich Kallmorgen seine Zukunft fest. Ob er damals schon ahnt, dass er Jahrzehnte später zu den führenden Künstlerpersönlichkeiten Deutschlands gezählt werden wird? Beharrlich verfolgt der 1856 im damals dänischen Altona Geborene sein Ziel, und zwar gegen den väterlichen Wunsch – der will nämlich, dass sein Ältester nicht Maler wird, sondern Architekt, trotz Friedrichs auffallender zeichnerischer Begabung. Doch die Fürsprache der Mutter ebnet seinen Weg an die renommierte Düsseldorfer Kunstakademie, an der er im Frühjahr 1875 sein Studium beginnt. Sie gilt zu jener Zeit als führend auf dem Gebiet der Landschaftsmalerei in Deutschland – für den 19-jährigen Friedrich Kallmorgen geht damit ein langgehegter Wunsch in Erfüllung. Seine hohen Erwartungen an die dortige künstlerische Ausbildung werden jedoch enttäuscht, zwei Jahre später wechselt er an die noch junge Kunstschule in Karlsruhe zu Hans Frederik Gude und Gustav Schönleber. Insbesondere der 1880 aus München berufene Schönleber soll für Kallmorgens Entwicklung prägend werden. Er regt seine Schüler zur Freilichtmalerei im Sinne einer wirklichkeitsnahen Naturwiedergabe an, lenkt ihren Blick auf den einfachen, oftmals heimischen Naturausschnitt, dessen intimer Schönheit sie in ihren Bildern nachspüren sollen. Auch ist es Schönleber, der Kallmorgen mit dem Reiz der holländischen Küstenlandschaft vertraut macht – ein über mehrere Jahrzehnte wichtiges Ziel für die Freilichtstudien des Jüngeren.

Früh schon äußert sich bei Kallmorgen eine ausgeprägte Reisefreudigkeit, führt ihn nach Nord- und Süddeutschland und bis zu seinem Lebensende wird der Künstler weite Teile von Europa kennenlernen. In seinen Skizzenbüchern und Ölstudien hält er seine Eindrücke fremder Orte fest: neben Landschafts- und Naturausschnitte ▸

Sommer, 1896, Öl auf Leinwand, Privatbesitz

KÜNSTLER UND IHRE WERKE
Friedrich Kallmorgen

Die Kriegsstraße im Schnee (Karlsruhe), Öl auf Leinwand von 1895

ten finden wir Szenen aus dem Alltagsleben der Menschen wie auch Impressionen der bereisten Städte. Fast tagebuchartig geben insbesondere die Zeichnungen Auskunft über die besuchten Stätten. Zu Hause, im Atelier, schöpft der Künstler aus diesem reichen Fundus wertvolle Anregungen für seine Gemälde, die oftmals Genre und Landschaft verbinden und vom zeitgenössischen Publikum goutiert werden. Denn obwohl Kallmorgen Landschaftsmaler werden will, hat er früh sein künstlerisches Anliegen erkannt: die Landschaft in Verbindung mit der Figur. Diese sieht er „nicht als Staffage, sondern als einen wesentlichen Teil der Landschaft, sowohl was die Stimmung als auch die Farbe anbelangt", wie er 1919 in seinen Lebenserinnerungen schreibt. In Berlin, Hamburg, Dresden und München sind seine Bilder seit den 1880er Jahren regelmäßig in den großen Ausstellungen vertreten, ebenso in Wien, Paris, Antwerpen, London und Mailand, in Melbourne und St. Louis. Zahlreiche Auszeichnungen mit Gold- und Silbermedaillen bedeuten nicht nur die Anerkennung seiner Kunst, sondern auch Verkaufserfolge für den Maler.

Seit dem Studium ist Karlsruhe für ihn eine zweite Heimat: Als Student fasst er in der aufstrebenden Residenzstadt Fuß, knüpft Freundschaften, begegnet seiner zukünftigen Frau. Es ist die Blumen- und Stillebenmalerin Margarethe Hormuth-Eber, eine Privatschülerin von Ferdinand Keller, mit der er eine Familie gründet und vor den Toren Karlsruhes, im malerisch gelegenen Dorf Grötzingen ein Sommerhaus baut. Doch auch in der Kunstszene der Stadt ist er sesshaft geworden und inzwischen bestens vernetzt: Kallmorgen engagiert sich in der Künstlergenossenschaft und wird 1896 Gründungsmitglied und erster Präsident des sezessionistischen Karlsruher Künstler-

Ruine der Michaeliskirche in Hamburg, Öl auf Leinwand von 1906

bundes. Hier hilft er, die Produktion von Originallithografien auszubauen, um den Malern Erwerbsmöglichkeiten und den Bürgern Zugang zu preisgünstigem, aber hochwertigem Wandschmuck zu verschaffen. Nur eine Sache schafft er in der Stadt nicht: sein Wissen und sein Handwerk als Lehrender an der Akademie weiterzugeben. 1891 wird ihm zwar vom badischen Großherzog Friedrich I. der Professorentitel verliehen, allerdings ohne Geschäftsbereich. Erst 1902, im Alter von 46 Jahren, erhält der anerkannte Künstler einen Ruf als Professor für Landschaftsmalerei und tritt die Nachfolge von Eugen Bracht an der Berliner Kunstakademie an.

Mit großem Elan geht er in den darauffolgenden Jahren seiner Lehrtätigkeit nach. Auch kunstpolitisch ist sein Urteil gefragt: Er zeigt drei überregional beachtete Ausstellungen mit eigens gewählten Themenschwerpunkten in Berlin. Trotz dieser Verpflichtungen in der Hauptstadt und der dadurch unvermeidbaren räumlichen Distanz bleibt der Künstler seiner „badischen Heimat" eng verbunden, pflegt die dortigen Kontakte und hält sich regelmäßig in seinem Grötzinger Sommerhaus auf – auch nachdem er 1918 die Lehrtätigkeit in Berlin beendet und seinen Wohnsitz nach Heidelberg verlagert. Diese Verbindung hält bis zum Ende: Im Juni 1924 stirbt Friedrich Kallmorgen in Grötzingen.

HOLLAND

Gilt bis ins frühe 19. Jahrhundert Italien als das klassische Sehnsuchtsziel für Künstler, so richtet sich seit der Jahrhundertmitte das Interesse verstärkt auf Holland – gerade das der deutschen Maler. Sie entdecken ein Land, das von der Industrialisierung noch weitgehend unberührt ist ▸

Hamburg für 50 Pfennige, Farblithografie um 1900

KÜNSTLER UND IHRE WERKE
Friedrich Kallmorgen

Oben: Sonne hinter Wolken, Öl auf Leinwand von 1911

Unten: Blühender Schlehdorn, Öl auf Leinwand von 1902

kennen und lieben. Auf Einladung seines Lehrers Gustav Schönleber reist er im August nach Amsterdam zu einem gemeinsamen Studienaufenthalt. Die Eindrücke, die der junge Künstler damals empfängt, prägen ihn nachhaltig und in den darauffolgenden Jahren genießt Kallmorgen regelmäßige Sommeraufenthalte in Holland, die alle reichen Niederschlag in seinem zeichnerischen, malerischen und druckgrafischen Œuvre finden. „Man war wie in eine andere Welt versetzt", schreibt er 1919 ebenfalls in seinen Lebenserinnerungen. „Ein schönerer Aufenthalt war für einen Maler gar nicht zu denken."

Schlagen sich die ersten Studienaufenthalte neben gut gefüllten Skizzenbüchern vorwiegend in Landschaftsgemälden und Stadtansichten nieder, so finden wir ab Mitte der 1880 Jahre eine erzählerische, ja anekdotische Note in manchen seiner Atelier-Gemälde. Es ist für den Künstler auch unerheblich, ob er die geschilderte Situation so tatsächlich erlebt hat: „Viele meiner Bilder habe ich nicht in der Natur gesehen, sondern nur in der Vorstellung, in der Phantasie, mit meinem geistigen Auge. [...] Ich machte mir eine Vorstellung von der Wirklichkeit, wie sie in dem besonderen Falle mir schön und malerisch erschien in Farbe, Anordnung, Bewegung usw. und suchte diese Vorstellung zum Ausdruck zu bringen." So auch in dem Gemälde *Der Erzähler*, Genreszene aus Volendam: Vor einem niedrigen Fischerhaus am Hafen versammeln sich Menschen um einen am Gartenzaun hockenden Mann und lauschen gebannt seinen Erzählungen. Es sind diese freien, in der Düsseldorfer Genremalerei wurzelnden Bildfindungen, mit denen Kallmorgen beim Publikum auf durchweg positive Resonanz stößt.

Daneben entstehen realitätsnahe Abbildungen aus dem Alltag der einfachen Bevölkerung: Der alte Bauer vor einer flachen Wiesenlandschaft, der auf einem Damm am Meer stehende Fischer in seiner typischen Tracht mit den weiten Hosen und in Holzschuhen, die junge Frau in pittoresker Kleidung. Auch die Arbeit in den Flachsscheunen, die er 1894 in der Gegend um Rijsoord kennenlernt, findet seine Aufmerksamkeit. Wie vor ihm schon Max Liebermann, setzt auch er sich mit dieser Thematik künstlerisch auseinander, spürt in seinen Bildern der aufwendigen Tätigkeit der Flachsbauern in den halbdunklen Scheunen nach und erfasst mit dem Pinsel in großer Virtuosität und sensiblem Farbempfinden den malerischenden Aspekt der vorgefundenen Situation. Es geht ihm nicht darum, ▶

und vielerorts den Anschein erweckt, die Zeit sei stehen geblieben. Die Weite der Landschaft, der malerische Reiz der mittelalterlichen Städte und kleinen Fischerdörfer, das diffuse Licht mit seinen Farben – all das zieht besonders die Landschaftsmaler in seinen Bann. Für Max Liebermann, der Holland erstmals 1871 bereist und sich sofort in besonderer Weise verbunden fühlt, ist es deshalb „das Land der Malerei par excellence [...] Italien ist zu pittoresk. Holland dagegen erscheint auf den ersten Blick langweilig; wir müssen erst seine heimlichen Schönheiten entdecken. In der Intimität liegt seine Schönheit."

Zehn Jahre nach Liebermann, im Sommer 1881, lernt auch Friedrich Kallmorgen dieses Land

KÜNSTLER UND IHRE WERKE
Friedrich Kallmorgen

Kindergruppe in der Tür, Öl auf Leinwand von 1906

die einzelnen Arbeitsschritte zu dokumentieren, auch will er seine Bilder nicht sozialkritisch verstanden wissen. Vielmehr ist es die ganz eigene Atmosphäre in diesen einfachen Wirkstätten, die ihn zur Niederschrift reizt.

Holländische Kinder beim Spielen, wie in der Studie *Sonniger Tag* von 1890, inspirieren Kallmorgen zu besonders heiter und lebendig wirkenden Werken, aus denen eine außergewöhnliche Frische und Spontaneität spricht: Eine breite, sonnige Uferstraße als Spielplatz mehrerer Kindergruppen. Einige sind in Bewegung, spielen Fangen, laufen, andere sitzen am Ufer, schauen interessiert den Spielenden zu. In geradezu impressionistischer Manier – die hellen, lichterfüllten Farben sind in souveränem Pinselduktus auf die Leinwand gesetzt – skizziert Kallmorgen die Szene und fängt meisterhaft die Unbefangenheit und Natürlichkeit des Moments ein.

Obwohl die meisten Holland-Gemälde Kallmorgens im ländlichen Raum zu verorten sind, dürfte Amsterdam die Stadt sein, in der er sich damals am häufigsten aufhält. In seinen Erinnerungen schwärmt er von den alten Straßen und den Kanälen, den braunen, violetten und schwarzen Häusern mit den weißen Fensterumrahmungen, den Fischhallen, Blumenmärkten, den vornehmen Patrizierhäusern der Herren- und Kaisergracht. Einige dieser Plätze finden wir in seinen Gemälden wieder: Die nicht nur in koloristischer Hinsicht reizvolle Wiedergabe einer *Amsterdamer Straße bei Nacht* von 1896 zum Beispiel. Von einem erhöhten Standpunkt aus, möglicherweise aus dem Obergeschoss eines Hotels, geht der Blick auf eine in nächtliche Dunkelheit gehüllte Straße. Zwei Straßenlaternen und das farblich sensibel differenzierte Licht aus den gegenüberliegenden Fenstern, das sich in der regennassen Straße spiegelt, erhellen die Situation nur spärlich. Dunkel und schemenhaft sind einige wenige Passanten zu erkennen. Es ist ein stilles Bild, das der Künstler hier von der Großstadt malt. Ein Bild, das in seiner Ausschnitthaftigkeit und der gewählten Perspektive eine ungemein moderne Wirkung hat.

Erst elf Jahre später, im Sommer 1907, reist der Künstler erneut nach Holland, wo dann auffallend viele Arbeiten entstehen, in denen er sich dem engen Zusammenspiel ausgedehnter Wasserflächen, Wolkenformationen und Lichtstimmungen widmet. Das setzt eine intensive und unmittelbare Naturbeobachtung voraus und es scheint fast so, als hätte sein künstlerischer Diskurs mit dem Hamburger Hafen Ende der 1890er Jahre dazu beigetragen – und ihm zu einem neuen Blick auf die holländische Küstenlandschaft verholfen. Bilder wie *Wolken über dem Meer* sind Momentaufnahmen flüchtig-atmosphärischer Erscheinungen, mit großer malerischer Sicherheit und sensiblem Farbempfinden auf die Leinwand gebannt. Impressionen, die der Künstler so vor allem in Holland empfangen hat.

KARLSRUHE UND GRÖTZINGEN

Nahezu 25 Jahre ist Kallmorgen in Karlsruhe ansässig, vom Herbst 1877 bis zu seiner Berufung nach Berlin im Frühjahr 1902, in denen die badische Residenzstadt ihm zur zweiten Heimat wird. Es sind erfolgreiche Jahre für den jungen Studenten, der überregional zum anerkannten Künstler avanciert und in der zeitgenössischen Kunstkritik bald durchweg als *badischer Maler* bezeichnet wird. Doch obwohl er über eine so lange Zeit in Karlsruhe lebt und arbeitet, thematisiert er diese Stadt in seinen Gemälden erstaunlich selten. Anders als bei seinen Hamburg-Ansichten, in denen er wichtige und für das Stadtbild charakteristische Gebäude bildbestimmend wiedergibt, dienen ihm Karlsruher Plätze oder Gebäude lediglich als Hintergrundkulisse für das eigentliche Bildgeschehen – und es macht beinahe den Eindruck, als betrachte Kallmorgen hier die urbane Umgebung mit den Blicken des Landschaftsmalers, stets auf der Suche nach dem tages- und jahreszeitlich definierten Naturausschnitt in der Stadt.

Für sein Gemälde *Herbstsonne* wählt er 1882 mit dem Karlsruher Kunstschulgarten einen intimen Schauplatz: Unter herbstlich verfärbten Bäumen hat sich dort eine Boccia spielende Gesellschaft zusammengefunden, vorwiegend befreundete Maler mit ihren Ehefrauen. Ganz links sehen wir den Künstler selbst und daneben, mit rotem Sonnenschirm, seine Frau Margarethe. Doch gilt Kallmorgens Interesse nur vordergründig dem freundschaftlichen Beisammensein. Sein eigentliches Thema ist das Licht, das warme, goldene Licht eines sonnigen Herbsttages, das ▶

FOTO: STÄDTISCHE GALERIE KARLSRUHE

Herbstsonne, Öl auf Leinwand von 1882 Herbstsonne

das Laub aufleuchten lässt und die Figuren weich umhüllt. In der unmittelbaren Umsetzung des Natureindrucks zeigt sich die Nähe zu den französischen Impressionisten, deren Kunst Kallmorgen zuvor bei seinem ersten Aufenthalt in Paris im Mai 1882 kennenlernt.

Stilistische Sicherheit und künstlerische Virtuosität zeichnet auch die 1895 gemalte Ansicht der Karlsruher *Kriegsstraße im Schnee* aus. Ganz aus der Farbe heraus hat er das Motiv entwickelt – eine von Bäumen gesäumte, schneebedeckte Straße, belebt von einer Pferdekutsche und einigen wenigen Passanten. Durch den üppigen Baumbestand, der die dahinterliegende Architektur zu einem Großteil verdeckt, erhält die Situation beinahe landschaftlichen Charakter. Es ist ein ruhiges, beschauliches Bild, das der Künstler hier von der Residenzstadt zeichnet. Kallmorgen fängt die Stimmung eines sonnigen Wintertages ein, mit lockerem Pinselschlag, pastosem Farbauftrag und ausgeprägter Farbsensibilität spürt er der Wirkung des Lichtes nach, das den Schnee partiell aufleuchten lässt und der Darstellung eine flirrende, impressionistische Lebendigkeit verleiht.

Im Juni 1888 erfüllt sich das Ehepaar Kallmorgen schließlich einen lang gehegten Traum und erwirbt in dem vor den Toren der Stadt gelegenen Dorf Grötzingen ein Grundstück in Hanglage, wo sie das Haus Hohengrund als Sommersitz errichten lassen. Künstler wie Otto und Jenny Fikentscher, Gustav Kampmann, Franz Hein und Karl Biese folgen diesem Beispiel und lassen sich hier nieder, im dörflich idyllischen Pfinztal, woraufhin die Grötzinger Malerkolonie entsteht – mit Friedrich Kallmorgen als ihrem Begründer. Damit erreicht eine europaweite Bewegung das *Badische*: Künstler, vor allem Landschaftsmaler, verlassen im Zuge einer neoromantischen *Zurück zur Natur*-Bewegung die durch die Industrialisierung unwirtlich werdenden Städte und ziehen sich in die ländliche Abgeschiedenheit zurück. Um 1890 bilden sich in Deutschland dann mehrere Künstlerkolonien: neben Grötzingen sind Willingshausen im nördlichen Hessen, Worpswede bei Bremen, Dachau bei München und Ahrenshoop an der Ostsee die wichtigsten. Oftmals in der Nähe einer größeren Stadt gelegen und mit der Eisenbahn in kurzer Zeit erreichbar,

KÜNSTLER UND IHRE WERKE
Friedrich Kallmorgen

stoßen die Maler hier, im dörflichen Umfeld mit seiner unverfälschten Natur und traditionsverhafteten bäuerlichen Bevölkerung auf neue Inspirationsquellen für ihre Kunst.

Das Dorf selbst und seine Bewohner bieten dem Künstler genügend Material für seine Bildfindungen: der sonntägliche Kirchgang im Regen, die pittoresken Innenhöfe und Plätze, unspektakuläre Motive des Jahreszeitenwechsels. Er studiert das Unmittelbare, wie schon Jahre zuvor in Frankreich die Künstler der Schule von Barbizon und auch die Impressionisten. Im Frühjahr bieten ihm die blühenden Obstbäume der dort so typischen Streuobstwiesen ein Motiv: Wie beiläufig ist der Bildausschnitt gewählt, im satten Grün der Bäume und Wiesen leuchten das hingetupfte Weiß und Gelb der blühenden Vegetation. Eine sommerliche Landschaft mit Bachlauf, die glitzernde Oberfläche fließender Gewässer, das kräftige Grün der Wiesen und Bäume im strahlenden Licht eines heiteren Sommertages. Gedeckter in der Farbigkeit begegnet uns eine herbstliche Waldrandlandschaft. In skizzenhaft offener Manier hält er seinen Natureindruck fest, und verwebt dafür warme Brauntöne zu herbstlich belaubten Bäumen. Von den sanften Hügeln oberhalb des Dorfes bietet sich dem Künstler wieder der weite Blick in die Ebene der Rheintales – ein Landschaftsausschnitt, wie wir ihn vor allem in seinen spätsommerlichen Erntedarstellungen finden.

Seine Figuren fügen sich stets harmonisch in die Landschaft ein. Nicht der harten körperlichen Arbeit gilt also seine Aufmerksamkeit, vielmehr werden sie Teil eines atmosphärisch geprägten Gesamteindrucks. Es ist eine allgemeingültige, überzeitliche Komposition, die Kallmorgen 1892 mit seinem Gemälde *Zur Erntezeit* erschafft.

HAMBURG

Spät, erst gegen Ende der 1890er Jahre, entdeckt der gebürtige Altonaer Friedrich Kallmorgen in der Hansestadt Hamburg und ihrem Hafen ein reizvolles Bildthema. Und das, obwohl er auch in Karlsruhe stets den Kontakt zu seinen in Altona und Hamburg lebenden Verwandten aufrecht gehalten hatte: Insbesondere zu seinem Vater Jakob Friedrich Theodor Kallmorgen (1820–1891), einem Baumeister und Stadtverordneten, wie auch zu seinem Bruder Georg (1882–1924), Inhaber eines Architekturbüros und zwischen 1908 und 1914 Bausenator in Altona. Künstlerischen Niederschlag jedoch finden seine Aufent-

Grüner Hafendampfer am Landungssteg Teufelsbrück an der Elbe, Öl auf Leinwand um 1910

halte in der alten Heimat lange vor allem in seinem zeichnerischen Werk. Der Auslöser seiner späten Leidenschaft für die Elbmetropole kann der von Kaiser Wilhelm II. forcierte Ausbau der deutschen Kriegsmarine zur mächtigen Seemacht gewesen sein – und die damit einhergehende rege Nachfrage nach Seestücken auf dem Kunstmarkt. Oder Alfred Lichtwark, seit 1886 Direktor der Hamburger Kunsthalle, der beim Ausbau der lokalen Sammlung der Galerie explizit einen Schwerpunkt auf Bilder von der Hansestadt legt: „Meine Herren, malen Sie hamburgische Landschaft!" lautet damals seine Aufforderung an die örtliche Künstlerschaft. Dennoch: Von Kallmorgen, der sich diesem Thema mit Begeisterung und großer Schaffensfreude widmet – mehr als 200 Gemälde und Ölstudien mit Hamburg-Bezug sind heute noch bekannt – erwirbt Lichtwark kein einziges Werk.

Kallmorgen scheint sich seinem neuen Themenfeld sukzessive angenähert zu haben, wie das nahezu vollständig auf die atmosphärischen Stimmungswerte ausgerichtete Gemälde *Die Elbe bei Hamburg* aus dem Jahr 1897 nahelegt. Bildbestimmend ist der hohe, von Wolkengebirgen durchzogene Himmel und die auf ein schmales Panorama reduzierte Stadt, aus deren distanziertem Häusermeer die Türme von St. Michaelis, St. Nikolai, Rathaus und Katharinenkirche ragen.

Im Herbst 1899 bezieht Kallmorgen eine ▶

Die Lichter werden angezündet, Öl auf Leinwand von 1904

Zweitwohnung in der Hafenstraße auf St. Pauli. Von hier aus unternimmt er seine Streifzüge durch die Stadt, zeigt markante Plätze, Kirchen und Brücken in zahlreichen Gemälden: Die Verkaufsstände auf dem Alt-Hamburger Schaarmarkt fesseln sein Interesse ebenso wie die St. Michaeliskirche. Er zeigt die Brücke vor der Katharinenkirche in einer kleinen, reizvollen Komposition, die durch die Gliederung in große Bildflächen und eine ausschnitthafte Wiedergabe der Architektur eine geradezu moderne Bildwirkung entfaltet. Ebenso beeindruckend ist *Die Lichter werden angezündet*, Kallmorgens impressionistisch aus der Farbe entwickelte Ansicht einer Häuserfront am Baumwall mit davorliegender Wasserfläche in der Dämmerung. Und weiter noch: Die engen Gassen des Gängeviertels inspirieren ihn zu dem Gemälde *Die Hofmalerin*, in dem sich eine junge Malerin in einer der sogenannten Twieten ihrem auf der Staffelei stehenden Bild widmet, umgeben von einer neugierigen Kinderschar, Hausfrauen beobachten die Szene aus einiger Distanz. Kallmorgen fängt diese spezifische Atmosphäre einer städtebaulichen Situation nicht nur malerisch ein, er verbindet sie mit einem hohen erzählerischen Moment. Das macht den besonderen Reiz des Bildes aus.

Den größten Raum innerhalb seiner Hamburg-Ansichten nehmen jedoch die Bilder vom Hafen ein – ein Sujet, das sich großer Beliebtheit nicht nur bei der kunstsinnigen Bevölkerung erfreut. Auch unter den Handelsleuten stehen Kallmorgens Hafenbilder damals in hohem Ansehen, als Auftragsbilder schmücken sie im 19. und frühen 20. Jahrhundert nicht selten die örtlichen Kontore. In unzähligen Variationen und in den verschiedensten jahres- und tageszeitlichen Stimmungen hält er das umtriebige Leben am und im Hafen fest, im Licht des anbrechenden Tages oder in der Dämmerung, bei Sonnenschein, Regen, Sturm, Nebel und Eisgang zeigt er die ein- und auslaufenden Schiffe, die zu den Werften übersetzenden Boote voller Arbeiter, die großen Passagierschiffe, Dreimaster und Überseedampfer. Dem Thema Arbeit und Technik, das er im Hafen und in der Werft unmittelbar beobachten kann, gewinnt er immer neue malerische Facetten ab – die beiden großformatigen Gemälde *In*

Hocken, Öl auf Leinwand von 1891

Rauch und Dunst und *An die Arbeit* sind hierfür die schönsten Beispiele.

Beim Publikum und der zeitgenössischen Kritik findet dieses Konzept höchsten Anklang, so schreibt der Kunstkritiker und Journalist Max Osborn 1910: „Wie Kallmorgen das in immer neuer Form verstanden hat, ohne die Sachlichkeit der Einzeldarstellung zu verlieren, wie er mit außerordentlichem Takt die richtige Mitte zwischen bestimmter Detailcharakteristik und souveräner Zusammenfassung hält, wie er das Schildern und Malen verbindet, in zahllosen Variationen Dampfer und Segler, Pinassen und Ruderboote, Kutter und Jollen durcheinanderschiebt, mit kluger Kompositionskunst seine Flottille über die Wasserfläche verteilt, alles in die graue Hafenatmosphäre badet, Ruhe und Bewegung wechseln läßt, allen Tagesbeleuchtungen und Witterungseinflüssen nachspürt und, bald näher, bald ferner, im Fond den Silhouettenfries der Häuser Hamburgs aufbaut – das ist das feinste und beste Geheimnis seiner Kunst." Für Osborn war Kallmorgen der „Epiker des Hamburger Hafens", ein Ruf, der sich bis heute gehalten hat.

REISEN

Ein Blick in Kallmorgens unveröffentlichte Lebenserinnerungen macht schnell deutlich, dass es eine große Leidenschaft in seinem Leben gegeben hat – das Reisen. Es vergeht kein Jahr ohne die Schilderung von Ausflügen, von Landfahrten und Exkursionen. Sie führen ihn mit dem Schiff, der Eisenbahn, der Pferdekutsche und auch zu Fuß quer durch Deutschland und durch weite Teile Europas. Er lernt Russland kennen und Spitzbergen. Stets führt er Skizzenblock und Malutensilien mit sich, um neue Eindrücke unmittelbar notieren zu können, sie bilden einen wertvollen Fundus für seine ausgeführten Gemälde. Einige dieser Reisen stehen in direktem Zusammenhang mit Auftragsarbeiten: So erhält er 1881, noch als Student, vom Emdener Buchhändler und Verleger Haynel einen Auftrag über Zeichnungen von Emden, Borkum und Norderney. 1886 reist er für die Zeitschrift *Universum* nach London, um Material für Illustrationen zu sammeln. Die weitesten Reisen in Zusammenhang mit einer Auftragsarbeit unternimmt der Künstler 1901 und 1903 nach Polen und Russland, wo er zum Teil in klirrender ▶

KÜNSTLER UND IHRE WERKE
Friedrich Kallmorgen

Spitzbergen, Farblithografie von 1898

Kälte für den Berliner Holzhändler Max Francke Studien für einen fünfteiligen großformatigen Gemäldezyklus anfertigt.

Es ist die Suche nach dem Unbekannten, nach neuen Inspirationen, nach fremden Orten und Gegenden mit ihren charakteristischen atmosphärischen Stimmungen, die Kallmorgen immer wieder aufs Neue aufbrechen lässt – um auch dort seinen bevorzugten Motiven treu zu bleiben: Landschaften, intime Naturausschnitte, Kinderbilder, Menschen in ihrem Alltag, hin und wieder auch Stadtbilder. In Marienbad ist es der belebte Platz vor den Kolonnaden, den der Künstler meisterhaft in lichter, impressionistisch aufgelöster Malweise wiedergibt. In Straßburg gilt sein Interesse der spezifischen Lichtstimmung im Innenraum des Münsters, hervorgerufen durch die bunt leuchtenden Glasfenster und ihre Lichtreflexe auf dem Boden.

Unter den zahlreichen Kinderdarstellungen, die auf Reiseeindrücke Kallmorgens zurückzuführen sind, nehmen zwei einen besonderen Rang ein. Eine ausgesprochen schöne Ausformulierung dieses Themas gelingt dem Maler mit der 1889 entstandenen *Strickschule*. Schauplatz der Darstellung ist ein von Baum, Mauer und Gartenzaun eingegrenzter sonniger Hof, in dem sich elf Mädchen strickend auf zwei Bänken gegenübersitzen. Eintracht und Ruhe beherrschen die Szenerie, die Kinder bilden eine in sich geschlossene Gemeinschaft. Man fühlt sich an holländische Darstellungen von Max Liebermann erinnert, Kallmorgen jedoch hat sein Motiv in Bodman am Bodensee gefunden. 1907 malt er die bezaubernde *Kindergruppe in der Tür*. Die ausgewogene Komposition zeigt vier Mädchen, die unter einem weit geöffneten Hoftor vertraulich beieinandersitzen, im Hintergrund öffnet sich die Szenerie, der Blick fällt auf einen begrünten Platz. Das reizvolle Bild geht zurück auf Eindrücke, die Kallmorgen 1906 auf einer Studienreise mit seinen Studenten im brandenburgischen Belzig gewinnt. Seit 1902, mit Beginn seiner Lehrtätigkeit in Berlin, hat es sich der Künstler zur Regel gemacht, mit seinen Schülern immer im Frühjahr und im Herbst gemeinsame Studienaufenthalte an wechselnden Orten von jeweils drei- bis vierwöchiger Dauer durchzuführen. Mit jenen kollektiven Arbeiten in einer meist ländlichen Natur – die von Lehrer und Schülern gleichermaßen betriebenen Freilichtstudien – knüpft Kallmorgen direkt an Erfahrungen an, die er selbst während seiner Studienzeit bei Gustav Schönleber in Karlsruhe machte.

Eine seiner eindrücklichsten Reisen unternimmt der Künstler im Sommer 1898. An Bord der Auguste Victoria geht es auf eine große Nordlandreise, die ihn über Bergen, Trondheim bis nach Spitzbergen und das Nordkap führt. Die unvergleichlichen Natureindrücke sehen wir heute in Kallmorgens ambitioniertem lithografischen Werk *In's Land der Mitternachtssonne – Tagebuch eines Malers*. Auf 100 Seiten hält er seine Erlebnisse und Erfahrungen fest. Das anspruchsvolle Werk mit 35 ganzseitigen Abbildungen stellt die Druckerei des Karlsruher Künstlerbundes her und präsentiert das Werk im Jahr 1900 auf der Pariser Weltausstellung. Es wird prämiert – und Kallmorgen mit einer bronzenen Medaille ausgezeichnet.

SYLVIA BIEBER
Kunsthistorikerin und stellv. Leiterin Städtische Galerie Karlsruhe
Zuletzt besuchte Ausstellungen: Claude Monet. Die Welt im Fluss, Albertina, Wien und Pieter Bruegel, Kunsthistorisches Museum Wien

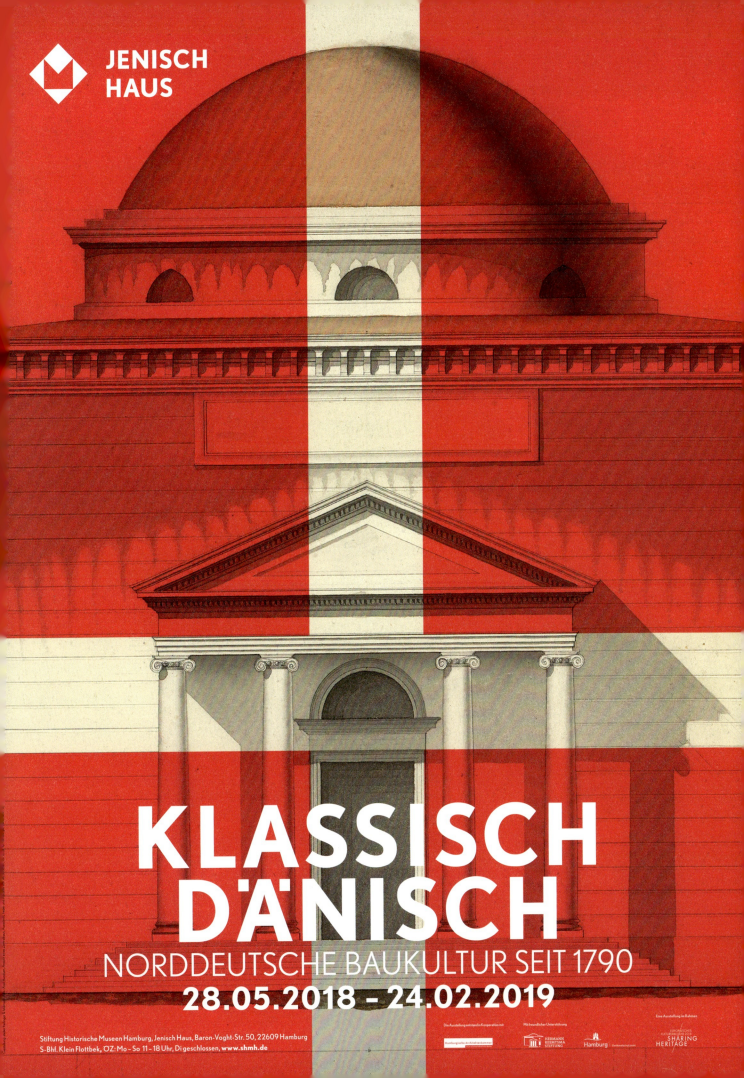

ERINNERUNG IM OFFENEN HERZEN

Altona war schon immer ein Ort der Offenheit und der Begegnung. Dieser Attitüde hat sich auch das ansässige Museum verschrieben: Es zeigt seit 1863 Exponate der Stadtgeschichte und öffnet damit auch den Blick für die Zukunft

TEXT: JAN VAHLENKAMP FOTOS: MASSIMO TEALDI

EINBLICKE INS MUSEUM
Altonaer Museum

Den Blick hat sie stets nach vorn gerichtet. Mögen da die Wellen meterhoch schlagen, ein Orkan peitschen oder gar die Kanonenkugeln fliegen und ein anderes Schiff zum Entern ansetzen: Die Galionsfigur fährt an der Schiffsspitze voran und schaut voraus aufs weite Meer. Vor rund 500 Jahren kam sie in Mode und wurde alsbald zum Standardinventar eines Segelschiffes. Ihr Name stammt vom Galion, dem spanischen Wort für Balkon. Er diente einst als Plattform am vorderen Schiffsrumpf eines Dreimasters (Galeone). Wurden in späteren Zeiten auch keine dieser Plattformen mehr beim Schiffsbau konstruiert, hatte sich zumindest die Galionsfigur als Teil des Schiffes etabliert und gehörte noch lange zum Common Sense der Seefahrer. Nicht selten maß man ihr sogar eine mythische Bedeutung bei und oft hatte sie einen Bezug zum Schiffsnamen. Ihre Zerstörung galt als schlechtes Omen, weshalb bei drohendem Schiffbruch nach der Rettung der Besatzung die Bergung der Galionsfigur oberste Priorität hatte.

Im Altonaer Museum befindet sich heute die größte Sammlung von Galionsfiguren in Deutschland, 40 sind es an der Zahl. Einen Teil dieses Bestandes verdankt das Museum dem Hamburger Verleger Axel Springer, der 1964 dem Museum das Geld für die Anschaffung einer größeren Sammlung beim dänischen Antiquitätenhändler Hans Jørgen Petersen spendete. Die meisten der Figuren stehen heute im Galionsfigurensaal. Als Teil der Dauerausstellung nutzt das Museum den Raum aber auch als Ort für Vorträge, Diskussionen und Musikveranstaltungen. Seine Aufmachung erinnert an das Innere eines Schiffsbugs. Die Beleuchtung von unten gibt den Galionsfiguren eine fast dramatische Ausstrahlung. Sie sind männlich, weiblich oder tierisch. Manche sind Offiziere zur See, manche stellen griechische Gottheiten dar und haben eine allegorische Bedeutung. Auch ein Einhorn befindet sich in der Sammlung und hat heute im Museumscafé seinen festen Platz gefunden. Die Geschichte der meisten Galionsfiguren ist gut dokumentiert – dachte man, denn vor Kurzem wurde zu Tage gebracht, dass es sich hierbei zum Teil um feinstes Seemannsgarn handelt: Rund die Hälfte der im Altonaer Museum ausgestellten Galionsfiguren sind als Kunsthandwerk entstanden und fuhren nie auf hoher See. Ihrer Schönheit tut dies aber keinen Abbruch.

Begibt sich der Besucher des Altonaer Museums auf den Weg durch die anderen Räume im Erdgeschoss, wird er allerlei Maritimes erblicken. Diese Ausstellungsräume sind den Themen Nordseefischerei, Holzschiffbau und Handelsschifffahrt gewidmet. Altona liegt zwar rund 70 Seemeilen von der Nordsee entfernt, doch schon in seinen Anfängen als Siedlung ist der Ort ein Fischerdorf und Ende des 19. Jahrhunderts ist Altona schließlich der größte deutsche Fischereihafen, weshalb man es damals auch märchenhaft „Stadt der Bücklinge" nennt. Über ein Drittel aller Fischkonserven, die in Deutschland gegessen wurden, kommen aus Altona – die Fischauktionshalle an der Elbe, die heute als Veranstaltungsort dient, ist ein Zeugnis dieser Zeit.

Zum Thema Schiffbau hat das Altonaer Museum verschiedenste Objekte alter Hamburger Werften gesammelt und sogar die Werkstatt eines Schiffszimmerers originalgetreu nachgebaut. Zahlreiche Modelle halten dem Besucher die imposante Statur der Altonaer Schiffe auf allen sieben Weltmeeren vor Augen. Auf ihnen fahren im 18. Jahrhundert jedoch oft auch jene Seeleute, die sich mit den dänischen Karibikinseln St. Croix, St. John und St. Thomas am fatalen kolonialen Dreieckshandel zwischen Europa, Afrika und Amerika beteiligen.

WIE ALTONA WURDE, WAS ES HEUTE IST

Geht der Museumsbesucher nun ein Stockwerk höher, so erfährt er unter den Augen der Stadtallegorie Altonia mehr über die Anfänge der Altonaer Stadtgeschichte. Sie beginnt 1536 – zumindest stammt aus diesem Jahr die erste urkundliche Erwähnung der Altonaer Krugwirtschaft. Es gibt eine populäre Erzählung, nach der sich der Name Altona von einem Konflikt ableitet, den der Wirt und Fischer Joachim von Lohe mit dem Hamburger Rat hatte, dem die Krugwirt-

Die Hauptfassade des Altonaer Museum aus dem Jahr 1909

schaft „all to nah" (= allzu nah) an der hamburgischen Stadtbefestigung gewesen sein soll. Das ist jedoch ungeklärt. Wahrscheinlicher ist, dass sich der Name vom Bach Altenau (heute Pepermölenbek) ableitet, an dessen Ufern sich im 16. Jahrhundert Fischer und Handwerker ansiedeln. Ab 1580 kommen Glaubensflüchtlinge aus den Niederlanden dazu, nachdem die schauenburgischen Landesherren den hiesigen Einwohnern Religions- und Gewerbefreiheit zugesprochen hatten. Handwerker müssen nun nicht länger Mitglied einer Zunft sein und Mennoniten, Reformierte oder Quäker dürfen jetzt in Altona ihre Gottesdienste feiern – anders als im streng lutherischen Hamburg. Die Straßennamen Große Freiheit und Kleine Freiheit zeugen heute noch von dieser Zeit. Auch Juden, die anderswo vertrieben werden, finden in Altona Aufnahme, ebenso später die Hugenotten aus Frankreich. Selbst Katholiken gestehen die Schauenburger ihre Religionsfreiheit zu und so entsteht mit der Kirche St. Joseph die erste katholische Kirche, die nach der Reformation in evangelischem Gebiet erbaut wird. Das Klima der Toleranz kommt auch der wirtschaftlichen Entwicklung zugute, daran glaubt man fest. Migration wurde in Altona schon immer als Mutter allen Fortschritts, statt als Mutter aller Probleme angesehen.

Nach dem Aussterben der schauenburgischen Herrscherlinie Holstein-Pinneberg im 17. Jahrhundert fällt Altona jedoch an das Herzogtum Holstein und damit an die dänische Krone, die Altona 1664 das Stadtrecht zuspricht. Nach Jahren der Entwicklung erleidet die noch junge Stadt 1713 schwere Zerstörungen im Großen Nordischen Krieg zwischen Dänemark und Schweden, als der sogenannte Schwedenbrand einen Großteil der Behausungen einäschert. Doch der Wiederaufbau geht rasch voran und schon bald ist Altona nach Kopenhagen die zweitgrößte Stadt im dänischen Gesamtstaat, der damals neben Schleswig, Holstein, Lauenburg und Dänemark auch Norwegen, Grönland, Island, die Färöer-Inseln, Dänisch-Westindien, Dänisch-Ostindien und Gebiete im ▶

Der Galionsfiguren-Saal im Souterrain des Museums

EINBLICKE INS MUSEUM
Altonaer Museum

heutigen Ghana umfasst. „Hamburgs schöne Schwester" wird sie deshalb auch bald genannt. Und es geht so weiter: Nachdem Altona nach dem Ende des Deutsch-Dänischen Krieges von 1864 und einer kurzen Herrschaft Österreichs 1866 preußisch wird, vergrößert sich die Stadt durch Eingemeindungen von Vororten stetig.

Die Industrialisierung im 19. Jahrhundert macht Altona zu einer Hochburg der Arbeiterbewegung, was schließlich dazu führt, dass der Sozialdemokrat Max Brauer als Bürgermeister in den 1920er Jahren für bessere Lebensbedingungen des Proletariats sorgt: Er gründet unter anderem die Siedlungs-Aktiengesellschaft Altona, die bis heute als SAGA existiert und das größte kommunale Wohnungsunternehmen Deutschlands ist. Nach dem Zweiten Weltkrieg wird er Erster Bürgermeister Hamburgs werden. Doch vorher wird ein provokanter Aufmarsch der NSDAP 1932, mitten durch die Arbeiterhochburg, zu heftigen Ausschreitungen mit 18 Toten und zahlreichen Verletzten führen (hauptsächlich auf Seiten der Antifaschisten). Als „Altonaer Blutsonntag" ist er in die Geschichte eingegangen. Ebenfalls noch vor Kriegsende verliert Altona im Rahmen des Groß-Hamburg-Gesetzes 1938 seine Eigenständigkeit und wird zum Hamburger Bezirk erklärt. Auch der Grenzverlauf zu St. Pauli verändert sich leicht, was dazu führt, dass die Straße Große Freiheit, die eng mit der Geschichte Altonas verbunden ist, heute zu St. Pauli gehört. Gleichzeitig steht die St.-Pauli-Kirche, die diesem Stadtteil einst ihren Namen gab, jetzt auf Altonaer Gebiet. Der Bezirk Altona vereint heute so unterschiedliche Quartiere, wie das mondäne Blankenese, die anarchische Sternschanze oder die Plattenbausiedlung Osdorfer Born.

Der museale Rundgang durch die Altonaer Stadtgeschichte führt weiter durch die erste Etage zur Optischen Wunderkammer. Die mit zahlreichen Miniaturbildern ausgestellte Laterna Magica (lateinisch für „Zauberlaterne")

Goldene Schlangen finden sich als aufwendige Zier an den Treppengeländern

ist im 19. Jahrhundert ein beliebtes Vorführinstrument auf Jahrmärkten oder in Wirtshäusern, denn sie kann bewegte Bilder an die Wand projizieren, indem ein Bildstreifen durch den Korpus gezogen wird, auf den das Licht einer ebenfalls darin befindlichen Flamme fällt. Die Öffnung auf der anderen Seite lässt Licht und Schatten auf der Wand zu einem Motiv verschmelzen.

Auch mehrere Ausstellungsstücke zum Thema Papiertheater sind zu sehen sowie Eidophusikon (Altgriechisch für „Nachahmung der Natur"), eine mechanische Bühne, die Landschaften mittels Bild, Licht und Ton nachstellt. Die Optische Wunderkammer ist den frühen Vorläufern des Kinos und der Filme gewidmet. Eine Etage darüber zeigt das Museum mehrere originale schleswig-holsteinische Bauernstuben aus dem 18. und 19. Jahrhundert. Sie gehören zu den ältesten Ausstellungsstücken des Hauses und zeigen „die gute Stube" der bäuerlichen Wohnhäuser. Otto Lehmann, der erste Direktor des Altonaer Museums, ist seinerzeit ▶

EINBLICKE INS MUSEUM
Altonaer Museum

Altonia begrüßt den Besucher in der ersten Etage – mit dem Blick auf all die Fotografien, Zeichnungen und Fundstücke aus der Geschichte Altonas

Links: historischer Kinderhochstuhl in den Bauernstuben

Seite 96/97: Kurz bevor man die Welt der Bauernstuben betritt, schlendert man durch den Dufke-Krämerladen

persönlich umhergereist, um möglichst viele dieser Bauernstuben erwerben und ausstellen zu können. Heute künden sie nicht nur von der bäuerlichen Kultur früherer Generationen, sondern auch davon, was man in der Gründungszeit des Museums unter Heimat- und Volkskunde verstand. Mit der Vierländer Kate ist dann in 1950er Jahren sogar ein komplettes Bauernhaus von 1745 in der zweiten Etage des Museums aufgebaut worden.

Ganz oben, in der dritten Etage, findet sich schließlich der Dufke-Laden. Diesen Tante-Emma-Laden gab es tatsächlich – bis ins Jahr 1978 im Harburger Stadtteil Altenwerder. Dieses seit dem Mittelalter besiedelte Dorf liegt auf einer ehemaligen Insel am südlichen Elbufer. In den 1970er Jahren jedoch muss der inzwischen eingedeichte Ort mitsamt seinen Bewohnern der Hafenerweiterung weichen – zum Teil gegen deren erbitterten Widerstand. Heute wohnt hier praktisch niemand mehr, die Gegend ist von Containerterminals geprägt. Geblieben ist nur die Kirche St. Getrud und eben jener Dufke-Laden, der den Bewohnern Altenwerders damals zum Einkaufen dient. Quasi unberührt seit 1978 steht der Laden, dessen Einrichtung aus mehr als 1.000 Einzelteilen besteht, im Altonaer Museum, als Überbleibsel einer sehr selten gewordenen Geschäftsform – die Supermärkte verdrängen die Einkaufsläden etwa in der selben Zeit, in der der Hafen Altenwerder und seine Bewohner verdrängte.

Der geneigte Museumsbesucher findet auf der obersten Etage auch noch die geschichtsträchtige Lauenburger Raths-Apotheke. Arbeits- und Verkaufsraum jener 1736 in Lauenburg an der Elbe gegründeten Apotheke sind hier aufgebaut und bieten dem Besucher einen Einblick ins Apothekerhandwerk. Das Mobiliar geht zum Teil bis auf die *Gründungszeit* zurück – und wurde dem Altonaer Museum 1990 nach der Geschäftsaufgabe ▶

EINBLICKE INS MUSEUM
Altonaer Museum

übergeben. Das Museum erhielt die Apotheke als Schenkung der letzten Besitzerin, der Apothekerin Margarete Lammers. Sie hatte ihrem Schwiegervater Johann Lammers versprochen „auf die Apotheke gut acht zu geben".

DAS MUSEUM ALS LERNORT MIT EIGENER GESCHICHTE

Im Altonaer Museum gibt es zwei Orte, die speziell den Kindern gewidmet sind. Im Kinderolymp können die Kleinen im Altonaer Museum auch ihren Geburtstag feiern und sich zum Beispiel als furchtlose Piraten auf Zeitreise begeben. In den Räumlichkeiten des Kinderbuchhauses sind Originalillustrationen aus Kinder- und Jugendbüchern ausgestellt. Außerdem finden hier Lesungen und Buchpräsentationen statt, um Kindern eine lebendige Buchkultur zu vermitteln. Träger dieser Institution ist der Verein Forum für Bilder-Buch-Kultur. Er bietet auch Werkstattprogramme für Schulklassen, Kitas und Kindergruppen zu besonderen Themen an, wie Buchwerkstätten, Philosophieren und Theater. Kurz um: Das Altonaer Museum ist heute ein Museum, dass sich vor allem an Familien richtet.

Dabei hat das Museum im Laufe seiner Geschichte schon mehrere Wandlungen erlebt. Es geht zurück auf das Jahr 1863, als der Altonaer Pastor Georg Schaar zusammen mit mehreren Bürgern ein Museum in der Palmaille 112 gründet. Altona ist mittlerweile zu einer Großstadt geworden und dieser Status soll dann auch durch das Museum repräsentiert werden. So kam es auch zum Umzug an den heutigen Standort Ecke Museumstraße/Kaiserplatz (heute Platz der Republik) zwischen dem alten und dem neuen Altonaer Bahnhof. Man errichte 1901 ein prächtiges Gebäude im Stil der nordischen Renaissance für das Museum, dessen erster hauptamtlicher Museumsdirektor der Lehrer Otto Lehmann wird. Der Fokus liegt fortan auf Naturkunde, Geschichte, Kulturgeschichte sowie schleswig-holsteinische Landes- und Volkskunde. Lehmann setzt Akzente durch moderne museale Darstellungsarten in Form von Dioramen (Schaukästen), Haus- und Schiffsmodellen sowie Rauminstallationen. Neu ist zur Jahrhundertwende auch, dass das Museum jungen zeitgenössischen Künstlern Ausstellungsräume zur Verfügung stellte. Das neue Gewand des Altonaer Museum findet sofort großen Anklang bei der Bevölkerung, kann schon 1914 einen Erweiterungsflügel eröffnen und so die Ausstellungsfläche verdoppeln.

Bei einem Bombenangriff während des Zweiten Weltkriegs wird zwar ein Teil des Gebäudes zerstört und erst in den 1950er Jahren wieder aufgebaut – nun im zeitgenössischen Stil. Ein Aderlass sind die 1970er Jahre, als der Hamburger Senat verfügt, dass das Altonaer Museum seine vor- und frühgeschichtlichen Sammlungen an das archäologische Helms-Museum abgeben muss und die naturkundlichen Bestände der Universität Hamburg überlassen muss. In der nächsten Dekade zerstört schließlich ein Brand weitere Teile des historischen Gebäudeteils und einen Teil der Sammlungen. Seither geht es aufwärts: Von 1999 an wurde das Museum aus staatlicher Trägerschaft in eine eigenständige Stiftung überführt, in den 2000er Jahren werden nochmals inhaltliche und architektonische Erneuerungen durch-

Links: nachgebaute Mühle von Lemkenhafen auf Fehmarn (1787) in einem Diorama, rechts: Papiertheater von 1900, elektronische Beleutung von 1950

geführt, etwa die vollkommene Neugestaltung des Foyers. Der beliebte Kinderolymp erhält 2006 Einzug in das Altonaer Museum und macht das Haus zum Vorreiter bei der Einbeziehung gelebter Kinderkultur in einem Museum. Seit 2008 ist es Teilbetrieb der Stiftung Historische Museen Hamburg. Im Jahr 2010 kündigt der Hamburger Senat unter Christoph Ahlhaus überraschend die Schließung des Museums an, um Einsparungen vorzunehmen. Doch hier hat der Senat die Rechnung ohne die Altonaer Bürger gemacht. Hatten die Hamburger ihnen schon die Unabhängigkeit genommen – das Museum wollen sie sich nicht auch noch nehmen lassen! Es kommt zu öffentlichen Protesten und Demonstrationen, Zehntausende unterschreiben eine Petition gegen die Schließung. Bis über die Grenzen Altonas und Hamburgs hinaus wird Unverständnis für die rabiate Sparmaßnahme geäußert, woraufhin der Senat die Schließungspläne bald schon ad acta legt, um einen Imageschaden für den Kulturstandort Hamburg zu vermeiden. Das Altonaer Museum ist zu einem der größten deutschen Regionalmuseen geworden.

Hinzukommen zwei Außenstellen: Zum einen das Jenisch Haus im malerischen Jenischpark unweit der Elbe. Ein klassizistisches Landhaus aus dem 19. Jahrhundert, das einst dem Senator Martin Johann Jenisch dem Jüngeren gehörte und seit den 1930er Jahren als Museum dient. In den repräsentativen Sälen und ehemaligen Privaträumen des Senators ist eine Ausstellung über die Wohnkultur vergangener Jahrhunderte untergebracht. Auch das Leben und Wirken von Caspar Voght ist hier in Exponaten nachgezeichnet; der Kaufmann und Sozialreformer ließ 1800 den heutigen Jenischpark anlegen. Auch Sonderausstellungen sind zu sehen: aktuell und noch bis zum 24. Februar 2019 *Klassisch dänisch*, die die norddeutsche Baukultur seit 1790 und das bauliche Erbe des dänischen Klassizismus thematisiert.

Seit 2001 betreut das Altonaer Museum eine zweite Außenstelle, das klassizistische Gartenhaus des berühmten Hamburger Bankiers Salomon Heine. Der lässt es 1832 auf seinem Landsitz in der Elbchaussee 31 errichten – neben dem Hauptgebäude, das bis zum Abriss 1881 als Salon ausgedehnter ▸

EINBLICKE INS MUSEUM
Altonaer Museum

Abendgesellschaften diente. Seinen Neffen (und Günstling), den Dichter Heinrich Heine, dürfte das nur entfernt tangiert haben, er selbst schätzte die Gartengesellschaften seines Onkels weniger. Über die für ihn beklemmende Atmosphäre schrieb er in seinem Gedicht *Affrontenburg*. Diesem künstlerischen Impetus folgend, sieht das museale Konzept hier keine Dauerausstellung vor, sondern die Nutzung als kulturelles Forum, das an den Bildungsauftrag der Aufklärung anknüpft. Es finden Mittwochssoiréen, Sonntagsmatinéen und andere Sonderveranstaltungen statt.

Sonderausstellungen gibt es auch im Altonaer Museum selbst regelmäßig zu sehen: Noch bis zum 4. Februar 2019 hat die Ausstellung *Lichtblicke* ihre Pforten geöffnet, die fotografische und lyrische Darstellungen des Hamburger Exils von jungen Geflüchtete ausstellt – verbunden mit Verweisen auf die Geflüchteten früherer Jahrhunderte, die in Altona Aufnahme fanden. Bis zum 24. Juni 2019 ist außerdem die Ausstellung *Schöner Wohnen in Altona?* zu sehen, die die Stadtentwicklung Altonas im 20. und 21. Jahrhundert zeigt. Der immer wiederkehrende Kampf gegen die Wohnungsnot und die sich im Laufe der Zeit verändernden stadtplanerischen Konzepte sind hier dokumentiert: Der Wunsch nach gesundem Wohnraum für alle in den 1920er Jahren, die Planung der *Führerstadt Hamburg* im Dritten Reich und die Schaffung der autogerechten Stadt in der Nachkriegszeit. Doch auch die Einflussnahme bürgerschaftlicher Proteste findet ihre Würdigung, wie etwa die der Ottenser in den 1970er Jahren, die sich damals erfolgreich gegen die geplante Flächensanierung alias Komplettabriss der Gründerzeitbauten wehren. Im letzten Raum der Ausstellung ist der Besucher eingeladen, sich auch mit der Zukunft des Wohnens auseinanderzusetzen. Die bleibt schließlich auch in diesem Bezirk weiterhin spannend, da mit der Neuen Mitte Altona gerade ein städtebauliches Großprojekt entsteht, inklusive Verlegung des Fernbahnhofs. Und längst nicht alles, was dort passiert und geplant ist, ist unumstritten.

Die Ausstellung *Mein Name ist Hase. Redewendungen auf der Spur* gastierte bereits in anderen Städten und wird bis zum 21. Oktober 2019 im Altonaer Museum zu sehen sein. Der Besucher geht hier den historischen Ursachen geflügelter Worte auf den Grund, von denen es immerhin rund 300.000 in der deutschen Sprache geben soll. Bauklötze staunen und aufgehende Lichter – das versprechen die Kuratoren dem Besucher. Ausstellungsort ist der Kinderolymp, doch auch für Erwachsene wird es sicher nicht langweilig. Die Ausstellung ist eine Übernahme aus dem Museum für Kommunikation in Nürnberg und steht unter der Schirmherrschaft von Sams-Erfinder Paul Maar.

Außerdem stellt das Altonaer Museum kommendes Jahr in einer Sammlung das muslimische Altona vor. Derzeit arbeitet das Museum noch am Konzept und erarbeitet, welche persönlichen Geschichten und Objekte das muslimische Leben und den Alltag realitätsgetreu abbilden können. Der Hafennähe ist es nämlich zu verdanken, dass hier schon vor dem Ersten Weltkrieg Muslime leben. Doch insbesondere seit dem Zuzug der Gastarbeiter in den 1960er Jahren hat sich im Bezirk eine große muslimische Community entwickelt, von deren Gebräuchen die Mehrheitsgesellschaft aber nur wenig mitbekommt. Deshalb will die Ausstellung sich dem Thema Islam in Altona nähern: um Vorurteile und Ängste abzubauen. Man kann sich also sicher sein, dass auch in dieser Ausstellung die althergebrachte Altonaer Toleranz ihre Erwähnung finden wird, denn dies ist etwas, worauf die Altonaer ziemlich stolz sind. Und das völlig zu Recht.

Nachbildung einer Helgoländer Hummerbude um 1900

INFO

In den nächsten Jahren soll das Museum baulich und inhaltlich modernisiert werden. Dafür stehen vom Bund 19,5 Millionen Euro zur Verfügung. Die gleiche Summe wird über die Freie und Hansetadt eingeworben werden. Neben Umbauten zugunsten der besseren Barrierefreiheit soll vor allem die Dauerausstellung grundlegend überarbeitet werden.

JAN VAHLENKAMP
Politikwissenschaftler, Geschichtsinteressierter und Citoyen
Schwerpunkte: Parteienforschung, Naher Osten und Hexenverfolgung

EINBLICKE INS MUSEUM
Altonaer Museum

STÄRKEN, WAS MAN IST

Das Altonaer Museum will seine Angebote als Familienmuseum ausbauen. Prof. Dr. Anja Dauschek über den Auftrag zwischen Kinderkultur, Diversität und der Frage nach Heimat und Geschichte

INTERVIEW: JAN VAHLENKAMP

Wo waren Sie vor dem Altonaer Museum tätig?
Ich habe zwischen 2007 und 2016 das Stadtmuseum Stuttgart aufgebaut, eine komplett neue Institution. Da war meine Aufgabe die Planung eines Museums. Zuvor habe ich das Berliner Büro der internationalen Museumsberatungsgesellschaft Lord Cultural Resources geleitet und Museen beraten, unter anderem Organisations- und Managementberatung, Raum- und Funktionsprogramme, Museumsentwicklungspläne und inhaltliche Konzepte erstellt.

Zu Beginn Ihrer Tätigkeit hier haben Sie in einem Interview einmal gesagt, Sie möchten vor Ort erst mal herausfinden, welche Exponate die Menschen hier seit ihrer Kindheit lieben und die weder verschoben noch abgebaut werden dürfen. Haben Sie das jetzt herausgefunden?
Jeder Bereich im Museums hat seine Fans, aber es gibt auch eine große Offenheit für Veränderungen. Was sich allgemein großer Beliebtheit erfreut, ist der Galionsfigurensaal. Das ist unser Flagschiff. Auch die Vierländer Kate ist beliebt. Mich erreicht immer wieder der Wunsch, die Trachten oder auch die Gemäldesammlung wieder zu sehen. Daran arbeiten wir.

2010 wurde ja viel geredet über das Altonaer Museum, weil der Senat schon konkrete Pläne hatte für eine Schließung. Da hieß es, das Museum lohnt einfach nicht mehr. Das hat sich dann ja doch anders entwickelt. Hat sich seit der Zeit etwas geändert?
Mit der großartige Nachricht Anfang November, dass der Haushaltsausschuss des Deutschen Bundestages 19,5 Millionen Euro Bundesfördermittel bewilligt, hat sich alles verändert. Zu dieser Summe – für die grundlegende Sanierung des Hauses und Erneuerung der Dauerausstellung des Museums – sollen weitere 19,5 Millionen Euro als Kofinanzierung durch die Freie Hansestadt Hamburg kommen, sodass insgesamt 39 Millionen Euro für die Neuaufstellung des Hauses zur Verfügung stehen. Das ist eine unglaubliche Chan-ce. Die ersten Schritte auf dem jetzt möglichen Weg zum neuen Altonaer Museum haben wir schon beschritten mit Themen, die sowohl einen historischen Aspekt haben, als auch einen, der für die Gegenwart der Gesellschaft hier in Altona und in Hamburg wesentlich ist. Die aktuellen Ausstellungen *Schöner Wohnen in Altona?* und auch *Lichtblicke* sind Beispiele dafür.

Was sind Überbleibsel und Erkennungszeichen der Altonaer Unabhängigkeit?
Als ich Anfang 2017 in Altona ankam, habe ich viele Gespräche geführt, um mich in den Bezirk einzuhören. Die innere Unabhängigkeit und gefühlte Eigenständigkeit Hamburgs war ein Aspekt, der immer wieder auftauchte, ebenso wie das Grundnarrativ der toleranten Stadt, die früh durch Glaubens- und Gewerbefreiheit geprägt wurde. Altona ist darüber hinaus heute ein sehr diverser Stadtbezirk, zu dem Stadtteile wie Altona-Nord, ein Stück der Schanze, aber auch Blankenese gehören. Und genauso vielfältig sind unsere Besucher.

Auf der Homepage steht „Bis heute gilt in Altona eine Tradition des offenen Tores". Was ist damit gemeint?
Das Altonaer Stadtwappen sieht ähnlich aus wie das Hamburger Stadt-

FOTO: UDO MOLZER

wappen – zeigt aber geöffnete Tore. Die populäre Auslegung ist, dass Altona im Gegensatz zu Hamburg Menschen immer hereingelassen hat. Das stimmt heraldisch leider nicht. Altona musste seine Tore offen haben, damit der Lehnsherr einreiten konnte. Hamburg durfte sie als freie Stadt geschlossen halten. Aber die offene Haltung der Altonaer ist dadurch dennoch sehr gut symbolisiert.

Meinen Sie, dass der Weg Altonas vom Fischerdorf zum Standort der Industrie und später der Kreativbranche, die deutsche Geschichte besonders gut repräsentieren kann?
Altona hat eine relativ späte Stadtgründung. Aus einem Gasthof beziehungsweise einem Fischerdorf wächst eine Siedlung, der der dänische König 1664 die Stadtrechte verleiht und die über die spezifische Wirtschaftspolitik der Freiheiten zu einem großen Fischereihafen wird. Altona hat aber immer das Problem des *Neben-Hamburg-Seins*: Es gibt im 19. Jahrhundert zwei große Fischereihäfen, Altona und knapp daneben Hamburg. Die Städte diskutierten auf einer wirtschaftlichen Ebene schon lange den Zusammenschluss. Zwei Fischauktionshallen waren einfach nicht sinnvoll.

Was ist spezifisch an Altonas Geschichte?
Altona ist im 19. Jahrhundert vor allem eine Industriestadt, ebenso Ottensen. Altona war einer der größten fischverarbeitenden Standorte im Deutschen Reich. Fischfabriken und Fischräuchereien waren hier aller Orten. Ottensen war geprägt von Schwerindustrie: Zeise oder Menck & Hambrock sind die großen Namen. Aber es gab auch eine Glasindustrie. Besonders ist auch die Stadtplanung Altonas Anfang des 20. Jahrhunderts, die heute noch nachvollziehbar ist. Gustav Oelsner definierte Anfang der 1920er Jahre die Villengebiete von Flottbek bis nach Blankenese, die Siedlungsgebiete Lurup und Osdorf und den Industriegürtel, der von der Altonaer Altstadt in den Norden nach Stellingen und Eidelstedt reicht.

Im Altonaer Museum haben Kinder einen besonders hohen Stellenwert. War das schon immer so? Und was genau wird hier gemacht?
Der Schwerpunkt wurde 2006 mit der Einrichtung des Kinderolymps gesetzt, eine Initiative der damaligen Kultursenatorin Karin von Welck, der Kinderkultur am Herzen lag. Seit November 2018 zeigen wird hier die Familienausstellung *Mein Name ist Hase. Redewendungen auf der Spur.* Mein Ziel ist es, dass Kinder und Eltern oder Großeltern zusammen im ganzen Haus etwas entdecken können. In der aktuellen Sonderausstellung *Schöner wohnen in Altona?* können sie das Ausstellungsthema auch anhand von Puppenhäusern sehen. Die Häuser sind historische Objekte, die auch Kinder ansprechen. Wir versuchen, bei allen Themen ein Familienprogramm und ein Angebot für Kinder zu machen. Darüber hinaus bieten wir besondere Aktionstage, die spezifisch Kinder, Jugendliche und Familien ansprechen, wie das Kinderfest, den Buchentdeckertag oder das *KinderComicFestival*. Wir wollen ein Familienmuseum sein, das Kindern verschiedener Altersstufen und Erwachsenen ein gemeinsames Erlebnis bietet. Außerdem gibt es im Haus auch das Kinderbuchhaus als eigenständiges Angebot. Der Verein stellt Originalbilder aus Kinderbüchern aus und bietet ein Programm rund um Lesen und Illustration.

Und Ihre beiden Außenstellen?
Wir haben zum einen das Jenisch Haus, für dessen Betrieb wir einschließlich der Sonderausstellungen verantwortlich sind. Es ist das ehemalige Sommerhaus des Senators Martin Johan Jenisch und nicht nur das schönste Landhaus in Hamburg, sondern das einzige, das öffentlich zugänglich ist. Sie schauen aus dem Fenster dieses klassizistischen Kleinods und sehen die großen Pötte auf der Elbe vorbeifahren. Dort zeigen wir aktuell die Ausstellung *Klassisch dänisch* über diese Architektur in Hamburg und Schleswig-Holstein. Für 2019 planen wir eine Kunstausstellung zur Hamburger Sezession, die 100 Jahre alt wird. Die zweite Außenstelle ist das Heine-Haus, das ganz aktiv durch den *Verein Heine-Haus* betrieben wird. Das Haus ist *für Lesungen und Vorträge* geöffnet, die vor allem der Zeit von Salomon Heine und seinem dichtenden Neffen Heinrich Heine gewidmet sind.

Wie sieht die Zukunft des Altonaer Museums aus?
Dank der wunderbaren Nachricht, dass Fördermittel des Bundes für die grundlegende Sanierung des Hauses bewilligt wurden, sieht die Zukunft des Hauses sehr gut aus. Wir wollen das stärken, was wir schon sind: ein Familienmuseum. Was mich inhaltlich interessiert sind sozusagen Heimatfragen. Seit Gründung des Museums spielten die Themen Heimat und Beheimatung bei der Vermittlung kulturhistorischer Prozesse und bei der Ausrichtung des Hauses eine zentrale Rolle. Vor dem Hintergrund aktueller Fragestellungen zu Globalisierung und Migration sind diese Diskussionen heute relevanter denn je – insbesondere in einem kulturell vielfältigen Bezirk wie Altona. Das Altonaer Museum steht deshalb vor der Aufgabe, die räumliche Gestaltung des Hauses und die inhaltliche Dauerausstellung rund um diese Fragen neu aufzustellen und ein für breite Bevölkerungsschichten attraktives und inklusives Programm zu erarbeiten.

TERMINKALENDER
Ausstellungen und Veranstaltungen

TERMINKALENDER

Ausstellungen und Veranstaltungen bis Frühjahr 2019

MUSEUM FÜR HAMBURGISCHE GESCHICHTE

Musik im Advent
Konzerte mit der Staatlichen Jugendmusikschule

Alle Jahre wieder gastiert die Staatliche Jugendmusikschule Hamburg in der Adventszeit mit ihren besten Solisten und Ensembles im Museum für Hamburgische Geschichte, um die frohe Weihnachtsbotschaft musikalisch zu verbreiten. Die besondere Atmosphäre und Akustik der Räume des Museums machen die Konzerte für die Zuhörer und die jungen Musiker zu einem stimmungsvollen Erlebnis. Am ersten Advent spielt das Streichorchester der Staatlichen Jugendmusikschule Klassiker aus dem Barock und ein frei nach W. A. Mozart komponiertes Werk von Michael Nyman. Eine Woche später singen dann die Mädchenvorchöre Advents- und Weihnachtslieder, die in adventliche Harfen- und Instrumentalmusik eingebettet sind.

2. und 9. Dezember 2018, jeweils 16 Uhr
hamburgmuseum.de

Aufbruch in die Demokratie
Die Revolution in Hamburg 1918/19

Noch bis zum Februar 2019 zeigt das Museum für Hamburgische Geschichte seinen umfassenden Beitrag zur Kenntnis dieser komplexen Zeit in Hamburg, die durch Krieg, Hunger und politische Auseinandersetzungen, aber auch durch den Aufbruch in die erste demokratische Stadtverfassung gekennzeichnet ist. Anhand von bisher noch nie gezeigten Fotografien, Plakaten und Zeitungen aus dem betreffenden Zeitraum, aber auch mit Objekten wie Uniformen, Waffen, Modeaccessoires und Tagebüchern dokumentiert die Ausstellung die unterschiedlichen Prozesse der Revolutionsmonate und deren Einfluss auf das Alltagsleben in Hamburg und dem Umland.

Bis 25. Februar 2019
hamburg-18-19.de

Räte, Rätsel und Revolution
Das Kneipenquiz zur Novemberrevolution

Am 31. Januar steigt das erste Kneipenquiz zur Ausstellung „Revolution! Revolution?" im Museum für Hamburgische Geschichte und Sie sind herzlich eingeladen, sich auf eine unterhaltsame wie anregende Reise durch die Ausstellung zu begeben. Stellen Sie sich ein Quiz-Team aus bis zu sechs gut gelaunten Ratefüchsen zusammen und spielen Sie mit um fantastische Preise und den inoffiziellen Titel des Hamburger-Revolutions-Quiz-Champions. Wer kein Team hat, kann trotzdem kommen und wird vor Ort mit seinen Quizgefährten bekannt gemacht.

31. Januar 2019
hamburgmuseum.de

ALTONAER MUSEUM

Lichtblicke aus der neuen Heimat
Fotografien und Texte von geflüchteten Jugendlichen

Flucht und das Leben im Exil bedeuten für die meisten Menschen, vor einer völlig neuen Lebenssituation zu stehen. Oft lassen die Betroffenen alles zurück und sind gezwungen, sich schnell in einer neuen Heimat zurechtzufinden. Doch mit welchen Emotionen, Erinnerungen und Gedanken ist ein solcher Prozess eigentlich verbunden und was hilft Geflüchteten, sich in einem anfänglich fremden Land heimisch zu fühlen? In der Ausstellung „Lichtblicke" sind Bilder und lyrische Texte versammelt, die von jungen Geflüchteten völlig unterschiedlicher Herkunft erarbeitet wurden und einen Einblick in ihre Gedankenwelt ermöglichen.

Bis 4. Februar 2019
altonaermuseum.de

Schöner Wohnen in Altona?
Stadtentwicklung im 20. und 21. Jahrhundert

In Form eines historischer Parcours präsentiert die Ausstellung die verschiedenen stadtplanerischen Vorhaben der letzten 130 Jahre in Altona und die damit verbundenen wichtigsten Phasen der Stadtentwicklung. Die Ausstellung möchte aber nicht nur die Visionen und Ideen hinter den Planungen erklären, sondern auch untersuchen, wie die Bewohnerinnen und Bewohner „ihr Altona" zur jeweiligen Zeit erlebt haben. Eingebettet in den chronologischen Rundgang befinden sich deshalb besondere Themenräume, die grundlegende Fragen rund um das Wohnen aus verschiedenen Perspektiven zur Diskussion stellen. In jedem dieser Themenblöcken kommen auch einzelne Mieter zu Wort, die über ihre persönlichen Wohnerfahrungen in den verschiedenen Stadtteilen Altonas erzählen.

Bis 24. Juni 2019
altonaermuseum.de

Mein Name ist Hase
Spuren der Redewendungen und Sprichwörter

Wer weiß schon, warum wir Lampenfieber haben oder die Katze im Sack kaufen? Bauklötze staunen ist also angesagt und Licht aufgehen garantiert in der kunterbunten Mitmach- und Mitdenk-Ausstellung „Mein Name ist Hase", die aktuell im Altonaer Museum zu erleben ist. Kinder, Jugendliche und Erwachsene können sich in wunderbarer Jahrmarktatmosphäre unter anderem an einem Rätsel mit internationalen Redewendungen und an einem Sprichwort-Generator versuchen. Vergnüglich, anschaulich und anregend zugleich präsentiert die Ausstellung des Kurators Rolf-Bernhard Essig Redensarten und deren Geschichte als einen der wichtigsten, originellsten und kraftvollsten Bereiche unseres Wortschatzes.

Bis 21. Oktober 2019
altonaermuseum.de

TERMINKALENDER
Ausstellungen und Veranstaltungen

MUSEUM DER ARBEIT

Erlesenes auf Papier
BuchDruckKunst 2019

Die Verkaufsmesse präsentiert eine Auswahl von über 50 Ausstellern, die mit traditionellen wie neuen Druckverfahren arbeiten, aber auch Unikate und Malerbücher herstellen. Papiermacher, Setzer, Drucker und Buchbinder führen begleitend dazu an beiden Tagen ihr Handwerk vor, die Original Hersbrucker Bücherwerkstatt feiert ihren 50. Geburtstag und Studenten der Kunsthochschule Burg Giebichenstein in Halle zeigen ihre aktuellen Projekte. Uwe Warnke, der Herausgeber der Zeitschrift ENTWERTER/ODER, stellt anlässlich des 30-jährigen Jubiläums der deutschen Wiedervereinigung Buchkunst vor, die ihren Anfang im künstlerischen Untergrund der DDR nahm. Und last but not least ist das Museum für Druckkunst Leipzig zu Gast und erläutert die Herstellung von Notensatz.

16. und 17. Februar 2019
museum-der-arbeit.de

Out of Office
Roboter, KI & die Zukunft der Arbeit

Was machen wir eigentlich, wenn Roboter und KI zukünftig für uns arbeiten? Lassen wir die Arbeitswelt, wie wir sie kennen, für immer hinter uns – oder finden wir neue Formen der Zusammenarbeit zwischen Mensch und Maschine? Die Ausstellung des Museums der Arbeit und des Bucerius Lab der ZEIT-Stiftung zeigt an elf Stationen, welche fundamentalen Umbrüche in der Arbeitswelt bereits stattfinden, welche uns unter Umständen noch bevorstehen und lädt die Besucher zur Diskussion darüber ein, wie wir als Menschen und als Gesellschaft damit umgehen wollen. Welche Chancen können wir ergreifen und mit welchen Risiken müssen wir uns befassen?

Bis 19. Mai 2019
museum-der-arbeit.de

SPEICHERSTADTMUSEUM

Hamburgs Weltkulturerbe entdecken!
Mit Kaffee, Kakao und Kautschuk

Die Ausstellung im authentischen Ambiente eines Lagerhauses von 1888 zeigt sehr anschaulich, wie die Quartiersleute (vulgo Lagerhalter) früher hochwertige Importgüter wie Kaffee, Kakao oder Kautschuk gelagert, bemustert und veredelt haben. Darüber hinaus werden der Tee- und Kaffeehandel, der in den Kontoren der Speicherstadt ansässig war, vorgestellt sowie die Baugeschichte der zum Weltkulturerbe geadelten Speicherstadt, deren spannende Historie anhand zahlreicher historischer Fotos und Pläne illustriert wird. Auch für Kinder hat das Museum in der HafenCity eine Menge zu bieten: Nicht nur, dass sie viele Dinge anfassen und ausprobieren dürfen, sie können sich auch von „Kalle, de lütte Quartiersmann" bei einer Rallye durch das Museum führen lassen.

Ganzjähriges Programm
speicherstadtmuseum.de

DIE KRAMER-WITWEN-WOHNUNG

Ein Kleinod in der Neustadt

Inventar aus dem 19. Jahrhundert

Über eine enge Treppe gelangt man zum Wohn- und Schlafzimmer, über dem sich noch ein Vorratsraum befindet. Puppenstubenhaft klein, trotzdem aber anheimelnd und gemütlich ist die Kramer-Witwen-Wohnung, die sich in einer engen Gasse gleich neben dem Michel befindet. Wo heute Touristen den Resten des alten Hamburgs nachspüren, haben fast 200 Jahre lang alleinstehende Frauen gewohnt. Eine der früheren Wohnungen wurde vom Hamburg Museum museal zugänglich gemacht. Wer heute die Kramer-Witwen-Wohnung besichtigt, fühlt sich wie auf einer Zeitreise: Die Stube wirkt behaglich, und fast scheint es, als könnte eine der Kramerwitwen gleich zur Tür hereinkommen, um von ihrem Leben zu erzählen.

Ganzjährige Ausstellung
kramerwitwenwohnung.de

JENISCH HAUS

Märchen an unsichtbaren Fäden

Das Marionettentheater Thomas Zürn

Seit Jahren schon beglückt der brillante Strippenzieher Thomas Zürn mit seinem Marionettentheater das Publikum in der Wintersaison des Jenisch Hauses. Die Inszenierungen des von der Welt am Sonntag als „Gepetto des Nordens" geadelten Marionettenkünstlers begeistern nicht nur Kinder, sondern sorgen auch bei Erwachsenen aufgrund ihrer natürlichen Grazie für Staunen und Faszination. Auf dem aktuellen Spielplan stehen neben den Klassikern „Die kleine Hexe", „Der gestiefelte Kater" und „Der kleine Prinz" die wundersamen Geschichten über „Eine Reise in die kleine Welt" und „Der Kaiser und die Nachtigall".

Ab 24. November 2018, immer samstags und sonntags um 15 Uhr
jenisch-haus.de

Säulen, Stuck und Symmetrien

Dänischer Klassizismus in unserer Region

Im Mittelpunkt der Ausstellung „Klassisch dänisch" stehen vier Architekten, die alle an der Kopenhagener Akademie ausgebildet wurden. Alle vier waren Schüler des dänischen Architekten Caspar Frederik Harsdorff und alle vier waren in Schleswig, Holstein und Hamburg tätig. Neben den Dänen Christian Frederik Hansen, Axel Bundsen und Joseph Christian Lillie handelt es sich um den in Hamburg geborenen Johann August Arens. Anhand von Abbildungen und Zeichnungen repräsentativer Beispielbauten werden die Tätigkeit der vier Architekten und der kulturelle Kontext, in dem ihre Werke entstanden, dargestellt.

Bis 24. Februar 2019
jenisch-haus.de

TERMINKALENDER
Ausstellungen und Veranstaltungen

Nachhaltig schenken im Advent

Weihnachtsmärkte vor musealen Kulissen

Die Adventszeit ist die Zeit der Weihnachtsmärkte. Wer diese im Kontext historischer Kulissen erleben möchte, ist im Altonaer Museum und im Museum der Arbeit an der richtigen Adresse. Im Barmbeker Museum verbinden sich Umweltschutz und Nachhaltigkeit zu einem deutschlandweit einzigartigen ökologischen Weihnachtsmarkt für die ganze Familie, auf dem an vielfältigen Kunstgewerbe-Ständen nach dem schönsten Geschenk und nach handgemachtem Weihnachtsschmuck gestöbert werden kann. Nebenher darf in der Bio-Gastronomie geschlemmt oder einfach nur das weihnachtliche Ambiente genossen werden. Am dritten Adventswochenende lädt dann das Altonaer Museum zu einem Weihnachtsbummel der besonderen Art ein. Das vielfältige Angebot von Kunsthandwerkern und Designern aus Norddeutschland hält kreative Dekorationen und ausgefallene Geschenke bereit. Dazu gibt es ein abwechslungsreiches Programm für die ganze Familie mit Führungen, Vorführungen und Mitmachaktionen. Für das kulinarische Wohl sorgt das Museumscafé Schmidtchen.

Altonaer Museum: 14. bis 16. Dezember 2018
Museum der Arbeit: 30. November bis 2. Dezember 2018
altonaermuseum.de / museum-der-arbeit.de

Traditionell, schnell und sensationell

Frühlingsdom

Laut einer Umfrage gehört der Hamburger Dom zu den beliebtesten Volksfesten in ganz Deutschland. Als Hauptgründe für den Bummel über das Heiligengeistfeld gelten seit jeher die besondere Atmosphäre und die vielen Fahrgeschäfte, Aktionsstände und Attraktionen, die teilweise eine jahrzehntelange Tradition haben. Außerdem ist der Dom über Norddeutschlands Grenzen hinaus beliebte Touristendestination: Jeder fünfte Besucher reist für den Besuch aus anderen Städten an. Im Frühling ist besonders die laue Luft im Riesenrad besonders schön.

22. März bis 22. April 2019
Öffnungszeiten: Mo–Do 15–23 Uhr, Fr + Sa 15–24 Uhr

DIE HISTORISCHEN MUSEEN HAMBURG

ALTONAER MUSEUM
Museumstraße 23
22765 Hamburg
Tel. 040 428 135 0
info@altonaermuseum.de
altonaer-museum.de

ÖFFNUNGSZEITEN
Montag 10–17 Uhr
Dienstags geschlossen
Mittwoch bis Freitag 10–17 Uhr
Samstag bis Sonntag 10–18 Uhr

EINTRITTSPREISE
8,50 Euro für Erwachsene
6 Euro für Gruppen ab 10 Personen
5 Euro ermäßigt
Freier Eintritt für Kinder und
Jugendliche unter 18 Jahren

HAFENMUSEUM HAMBURG
Kopfbau des Schuppens 50A
Australiastraße
20457 Hamburg
Tel. 040 73 091 184
info@museum-der-arbeit-hafenmuseum.de
hafenmuseum-hamburg.de

ÖFFNUNGSZEITEN (AB 1.4.)
Montag 10–17 Uhr
Dienstags geschlossen
Mittwoch bis Freitag 10–17 Uhr
Samstag bis Sonntag 10–18 Uhr

EINTRITTSPREISE
6,50 Euro für Erwachsene
4 Euro für Gruppen ab 10 Personen
und ermäßigt
Freier Eintritt für Kinder und
Jugendliche unter 18 Jahren

HEINRICH HEINE HAUS
Heine-Haus e. V.
Elbchaussee 31
22765 Hamburg
Tel. 040 855 09 787
info@heine-haus-hamburg.de
heine-haus-hamburg.de

ÖFFNUNGSZEITEN
Zu den Veranstaltungen und
nach Vereinbarung

EINTRITTSPREISE
Freier Eintritt

JENISCH HAUS
Baron-Voght-Str. 50
22609 Hamburg
Tel. 040 82 87 90
info@altonaermuseum.de
jenisch-haus.de

ÖFFNUNGSZEITEN
Montag 11–18 Uhr
Dienstags geschlossen
Mittwoch bis Sonntag 11–18 Uhr

EINTRITTSPREISE
6,50 Euro für Erwachsene
4 Euro für Gruppen ab 10 Personen
und ermäßigt
Freier Eintritt für Kinder und
Jugendliche unter 18 Jahren

KRAMER-WITWEN-WOHNUNG
Krayenkamp 10
20459 Hamburg
Tel. 040 375 019 88
info@hamburgmuseum.de
kramer-witwen-wohnung.de

ÖFFNUNGSZEITEN
April bis Oktober:
Montag 10–17 Uhr
Dienstags geschlossen
Mittwoch bis Sonntag 10–17 Uhr
November bis März:
Samstag und Sonntag von 10–17 Uhr

EINTRITTSPREISE
2,50 Euro für Erwachsene
1,70 Euro für Gruppen ab
10 Personen und ermäßigt
Freier Eintritt für Kinder und
Jugendliche unter 18 Jahren

MILLERNTORWACHE
Millerntordamm, nahe Holstenwall 24
20355 Hamburg
Tel. 040 33 402 16
luthe@toepfer-fvs.de
millerntorwache.org

ÖFFNUNGSZEITEN
Montags, dienstags und donnerstags
und nach Vereinbarung
(Telefonisch oder per Mail bei
Ricarda Luthe)

EINTRITTSPREISE
Freier Eintritt

MUSEUM DER ARBEIT
Wiesendamm 3
22305 Hamburg
Tel. 040 428 133 0
info@museum-der-arbeit.de
museum-der-arbeit.de

ÖFFNUNGSZEITEN
Montag 10–21 Uhr
Dienstags geschlossen
Mittwoch bis Freitag 10–17 Uhr
Samstag bis Sonntag 10–18 Uhr

EINTRITTSPREISE
8,50 Euro für Erwachsene
6 Euro für Gruppen ab 10 Personen
5 Euro ermäßigt
Freier Eintritt für Kinder und
Jugendliche unter 18 Jahren

MUSEUM FÜR HAMBURGISCHE GESCHICHTE
Holstenwall 24
20355 Hamburg
Tel. 040 428 132 100
info@hamburgmuseum.de
hamburgmuseum.de

ÖFFNUNGSZEITEN
Montag 10–17 Uhr
Dienstags geschlossen
Mittwoch bis Freitag 10–17 Uhr
Samstag bis Sonntag 10–18 Uhr

EINTRITTSPREISE
9,50 Euro für Erwachsene
7 Euro für Gruppen ab 10 Personen
6 Euro ermäßigt
Freier Eintritt für Kinder und
Jugendliche unter 18 Jahren

SPEICHERSTADTMUSEUM
Am Sandtorkai 36
20457 Hamburg
Tel. 040 32 11 91
info@speicherstadtmuseum.de
speicherstadtmuseum.de

ÖFFNUNGSZEITEN
März bis November:
Montag bis Freitag 10–17 Uhr
Samstag bis Sonntag 10–18 Uhr
Dezember bis Februar:
Dienstag bis Sonntag 10–17 Uhr

EINTRITTSPREISE
4,00 Euro für Erwachsene
2,50 Euro ermäßigt
2 Euro für Schüler
Freier Eintritt für Kinder
unter 6 Jahren

 Führungen in Gebärdensprache   Barrierefrei

SERVICE
Register und Impressum

REGISTER

CONNOX GMBH
Aegidientorplatz 2a
30159 Hannover
Tel. 0511 30 03 41 0
connox.de

DÖRRWERK GMBH
Im Marienpark 22
12107 Berlin
Tel. 030 36 42 85 36 0
doerrwerk.de

ECE PROJEKTMANAGEMENT
Heegbarg 30
22391 Hamburg
Tel. 040 60 60 60
ece.de

HERRENFAHRT
Carrus Cultus GmbH
Turley-Straße 8
68167 Mannheim
Tel. 0621 48 34 50 26 0
herrenfahrt.com

HOLSTEN-BRAUEREI AG
Holstenstraße 224
22765 Hamburg
holsten-pilsener.de

JUNIUS VERLAG
Stresemannstraße 375
22761 Hamburg
Tel. 040 892599
junius-verlag.de

JUNIQE
Kollwitz Internet GmbH
Köpenicker Straße 126
10179 Berlin
juniqe.de

KEMM 1782 HAMBURG GMBH
Pickhuben 6
20457 Hamburg
Tel. 040 36 00 39 13
kemm-hamburg.de

LYS VINTAGE
Eppendorfer Weg 8
20259 Hamburg
Tel. 040 28 47 14 43
lys-vintage.com

MANUFACTUM
Hiberniastraße 5
45731 Waltrop
Tel. 02309 93900
manufactum.de

MARE VERLAG
Sandthorquaihof
Pickhuben 2
20457 Hamburg
Tel. 040 36 98 59 0
mare.de

NUNIDO
Rocket Commerce GmbH
Oberhafenstraße 1
20097 Hamburg
Tel. 040 69 63 58 740
nunido.de

SCHATZINSEL BERLIN
Potsdamer Str. 55
12205 Berlin
Tel. 030 54 08 12 99
schatzinselberlin.com

SEITZ KREUZNACH GMBH
Planiger Strasse 34
55543 Bad Kreuznach
Tel. 0671 20 29 99 00
seitz-kreuznach.de

VATER & SOHN HAMBURG
Paul-Roosen-Strasse 7
22767 Hamburg
Tel. 040 30 22 52 66
vaterundsohn-hamburg.com

HAMBURG HISTORY LIVE
MAGAZIN
WAS UNS ALLE VERBINDET: DIE GESCHICHTE DER STADT UND DES NORDENS

Verlagsgesellschaft der
Stiftung Historische Museen Hamburg
Holstenwall 24, 20355 Hamburg
Tel. 040 428 131 150
www.shmh.de
www.hamburg-history-live.de

In Kooperation mit
VKM Verlagskontor für Medieninhalte GmbH
Gaußstraße 190c, 22765 Hamburg
Tel 040 36 88 110-0

Herausgeber
Börries von Notz
Alleinvorstand Stiftung Historische Museen Hamburg

Chefredaktion: Jenny V. Wirschky (V.i.S.d.P.)
Geschäftsführender Redakteur: Matthias Seeberg
Art Direction: Eike Hahn
Lithografie: Thomas Weber-Ude
Textchef: Jenny V. Wirschky
Schlussredaktion: Claudia Hoffmann

Autoren dieser Ausgabe
Sylvia Bieber, Matthias Gretzschel, Matthias Seeberg, Ulrich Thiele, Frank Berno Timm, Jan Vahlenkamp, Jenny V. Wirschky

Fotos
Bildarchiv Hamburg, Deutsche Fotothek, Fotoarchiv Hamburg, Hamburger Kunsthalle, Internationales Maritimes Museum Hamburg, Alan Ginsburg, Michaela Hegenbarth, Milan Horacek, Georg Koppmann, Joceline Berger-Kamel, Germin, Thomas Grebe, Oliver Heissner, Picture Alliance, Udo Mölzer, Anders Petersen, Ulrike Pfeiffer, Elke Schneider, Armin Smailovic, Christian Sparbier, Massimo Tealdi, Elke Walford, Günter Zint

Vertrieb: VKM Verlagskontor für Medieninhalte GmbH
vertrieb@vkfmi.de / abo@vkfmi.de
Herstellung: Lars Heitmann
Druck: Neef + Stumme premium print GmbH

Anzeigen
Kumst Medien Vermarktungsgesellschaft mbH
Verantwortlich: Tanya Kumst (Geschäftsführung)
Tel 040 524 72 26 88; info@kumst-media.de

Copyright für alle Beiträge, soweit nicht anders angegeben:
HAMBURG HISTORY LIVE
Verlagsgesellschaft der Stiftung Historische Museen Hamburg

Bei Anregungen und Kritik
HAMBURG HISTORY LIVE
Verlagsgesellschaft der Stiftung Historische Museen Hamburg
Holstenwall 24, 20355 Hamburg
presse@shmh.org

STADTGESICHTER. EINE KOLUMNE
Max Brauer

KUNST GEGEN KOHLE

Wie Max Brauer die Ruhrfestspiele erfand und damit einen traditionsreichen Künstleraustausch schaffte – diese Grubenlampe ist weitgereister Zeuge

TEXT: MATTHIAS SEEBERG

Rechts: Das Geschenk an Max Brauer – eine Westfälische Steigerlampe aus der Zeche König Ludwig 4/5 in Recklinghausen aus dem Jahr 1947. Links: Gemälde von Max Brauer, 1927

In den Nachlässen von Politikern finden sich häufig Kuriositäten, deren Geschichte eng mit dem Wirken ihrer einstigen Besitzer verbunden ist. Über die Nachfahren des ehemaligen Hamburger Bürgermeisters Max Brauer (1887–1973) kam im Sommer dieses Jahres durch Vermittlung der Hermann Reemtsma Stiftung eine solche Kuriosität in die Sammlung des Altonaer Museums, deren abenteuerliche Historie mit der Gründung der *Ruhrfestspiele* verflochten ist. Es handelt sich um eine Westfälische Steigerlampe aus einer Zeche in Recklinghausen. Was aber hat eine Grubenlampe aus dem Ruhrgebiet mit einem Hamburger Bürgermeister zu tun?

Im besonders strengen Winter anno 1946/47 litt die Stadt unter einem Mangel an Strom, Gas und Kohle, was auch in den Hamburger Theatern deutlich zu spüren war. Um den Spielbetrieb nicht einstellen zu müssen, waren Initiative und Organisationstalent gefragt. Eine kleine Gruppe von Theaterleuten machte sich auf den Weg in die Kohlenreviere an der Ruhr, in der Hoffnung, sich dort mit dem knappen Heizmaterial versorgen zu können. In der Recklinghauser Zeche König Ludwig 4/5 wurden die Kulturenthusiasten für ihre Reise belohnt. Ganze zwei Lastwagen mit Kohle konnten an der britischen Besatzungsmacht vorbei in den Norden gebracht werden. Als Dank für die Hilfsbereitschaft der Bergleute revanchierten sich die Hamburger im Sommer 1947 mit einem Gastspiel der besonderen Art: Unter dem Motto *Kunst gegen Kohle* zeigten die Ensembles der Staatsoper, des Deutschen Schauspielhauses und des Thalia Theaters an fünf Tagen Höhepunkte ihrer aktuellen Produktionen. Die Schauspieler verzichteten auf ihre Gage und die Erlöse kamen den Unterstützungskassen der Zeche zu Gute. In seiner Rede anlässlich dieses ungewöhnlichen Festivals sprach Bürgermeister Brauer bereits davon, dass „Hamburgs Künstler nicht zum letzten Male in Recklinghausen gewesen seien und dass diese Gastspiele zu einer Dauereinrichtung im Stil wirklicher Festspiele werden mögen."

Und so kam es auch. Aus dem Hamburger Gastspiel entstanden die bis heute international renommierten *Ruhrfestspiele*. Im Jahr 1965 wurde die Fertigstellung des Recklinghauser Festspielhauses gefeiert, in deren Rahmen Max Brauer laut jüngsten Nachforschungen wohl auch die Westfälische Steigerlampe überreicht wurde – in Erinnerung an seinen engagierten Einsatz für die Kultur. Die Reise ins Altonaer Museum hat das Symbol für den kulturellen Neubeginn nach Nationalsozialismus und Krieg auf einem seiner Geschichte gemäßen spektakulären Weg absolviert: Als im Sommer 2017 die Viermastbark Peking von New York in die norddeutsche Werft transportiert wurde, fand sich auch die Grubenlampe an Bord des zukünftigen Hamburger Wahrzeichens.

KOOPERATION
Diese Rubrik ist eine Kooperation mit dem Webportal **hamburger-persoenlichkeiten.de**, das unter Schirmherrschaft der Stiftung Historische Museen Hamburg und der Gesellschaft Harmonie von 1789 betrieben wird.